改訂第2版

保育・幼児教育シリーズ

健康の指導法

宮﨑 豊・田澤里喜 編著

玉川大学出版部

保育・幼児教育シリーズ
改訂第2版にあたって

幼稚園教育要領，保育所保育指針，
幼保連携型認定こども園教育・保育要領改訂（改定）のポイント

　玉川大学出版部の保育・幼児教育シリーズ改訂第2版は，2018（平成30）年施行の幼稚園教育要領，保育所保育指針，幼保連携型認定こども園教育・保育要領（以下，3文書）の改訂（改定）を受け，本シリーズをリニューアルするものです。そこで，シリーズのうち改訂第2版となる5巻の冒頭に，共通にこの3文書改訂（改定）のポイントを簡潔に記します。その趣旨は，改訂（改定）のポイントを示すことで，どこが変わったのかの全体像を概略的に理解するためのものです。そのため，その内容の詳細等は，それぞれの要領・指針の原文で確認してください。

　改訂第2版の事例等に関しては，初版の内容を生かしたものです。

1　3文書同時改訂（改定）── 3施設に共通の幼児教育機能

　今回の大きなポイントは，3文書を同時に改訂（改定）したことにあります。そして，その基本的な内容の整合性をはかり，できるだけ同一のものにする方向性を模索したことにあります。それは，幼稚園，保育所，幼保連携型認定こども園は，文部科学省，厚生労働省，内閣府とそれぞれ管轄部署が異なり，法体系も異なります。そのため，幼稚園が学校（幼児教育施設）であるのに対して，保育所は児童福祉施設です。本来，同じ幼児期の子どもへの教育機能は共通であるべきとの考えから，3つの施設は同じ幼児教育機能を有するものとして改訂（改定）が行われました。

　幼稚園，保育所，幼保連携型認定こども園には，同じ幼児教育機能があるということであり，すべての施設において，幼児期の遊びを通した総合的な指導の教育（保育）がその後の小学校以降の教育につながっていくという構造になります。

2 幼稚園教育要領の改訂のポイント

(1) 学習指導要領改訂との関連性

　今回の改訂は，学校教育全体の改訂に位置付けられるものです。それは，2016（平成 28）年の中央教育審議会答申「幼稚園，小学校，中学校，高等学校及び特別支援学校の学習指導要領等の改善及び必要な方策等について（答申）」を踏まえた改訂となります。

　そこには，資質能力の一層確実な育成と「社会に開かれた教育課程」の重視等の今回の改訂の基本的な考え方に加え，育成を目指す資質・能力の明確化，「主体的・対話的で深い学び」（いわゆるアクティブ・ラーニング）の実践に向けた授業改善の推進，各学校におけるカリキュラム・マネジメントの推進，伝統や文化，幼小接続など現代的な諸課題等に対応した教育内容の充実が掲げられています。

　この学習指導要領の改訂の中に，幼稚園教育要領改訂が位置付けられます。ここでは，以下，3つのポイントについて取り上げます。

(2) 幼児教育で育みたい資質能力の明確化

　今回の改訂では，幼児教育で育みたい資質能力として，「知識・技能の基礎」「思考力・判断力・表現力等の基礎」「学びに向かう力，人間性等」の3つを明示しています。それは，小学校以上の3つの資質能力と連続性を持ったものととらえられます。そして，これまで同様の5領域（健康，人間関係，環境，言葉，表現）を踏まえ，遊びを通しての総合的な指導により一体的に育むことが示されました（図0-1）。

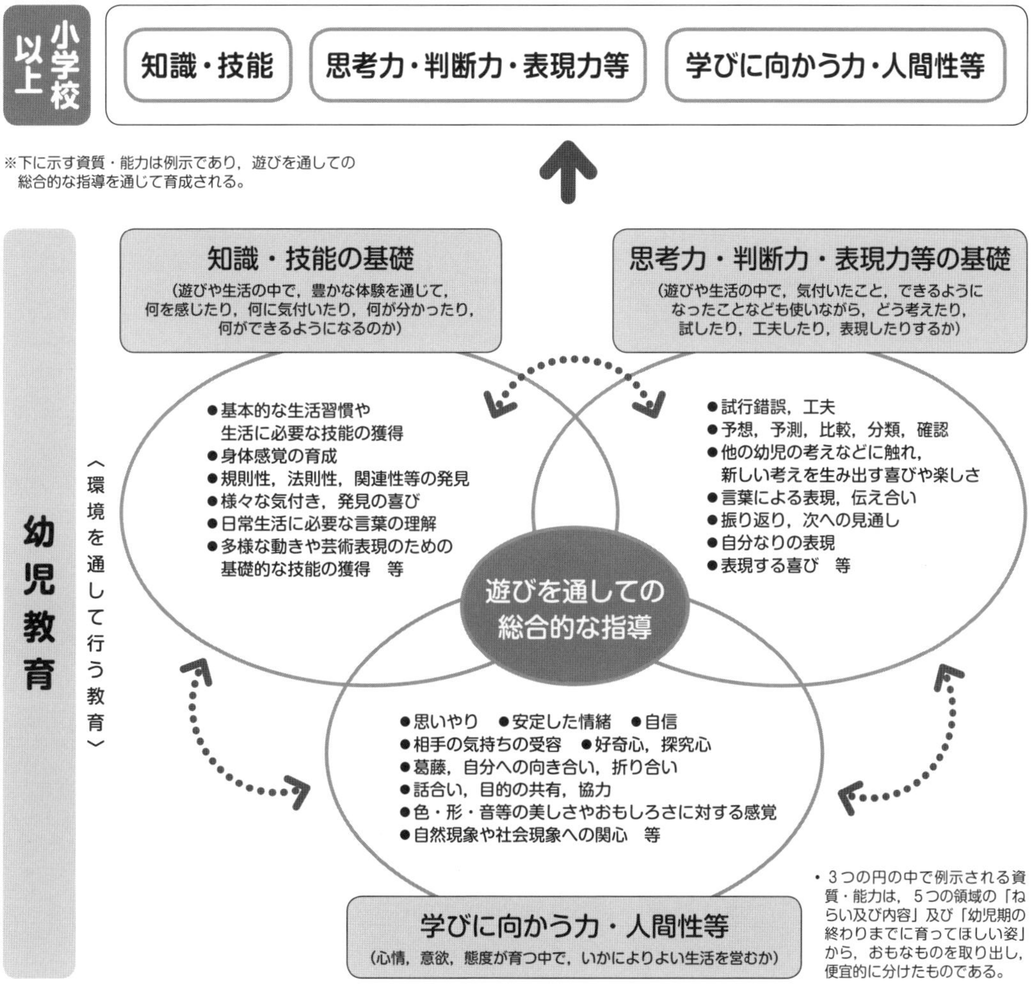

小学校以上	知識・技能	思考力・判断力・表現力等	学びに向かう力・人間性等

※下に示す資質・能力は例示であり，遊びを通しての
　総合的な指導を通じて育成される。

幼児教育

〈環境を通して行う教育〉

知識・技能の基礎
（遊びや生活の中で，豊かな体験を通じて，
何を感じたり，何に気付いたり，何が分かったり，
何ができるようになるのか）

思考力・判断力・表現力等の基礎
（遊びや生活の中で，気付いたこと，できるように
なったことなども使いながら，どう考えたり，
試したり，工夫したり，表現したりするか）

- 基本的な生活習慣や
  生活に必要な技能の獲得
- 身体感覚の育成
- 規則性，法則性，関連性等の発見
- 様々な気付き，発見の喜び
- 日常生活に必要な言葉の理解
- 多様な動きや芸術表現のための
  基礎的な技能の獲得　等

- 試行錯誤，工夫
- 予想，予測，比較，分類，確認
- 他の幼児の考えなどに触れ，
  新しい考えを生み出す喜びや楽しさ
- 言葉による表現，伝え合い
- 振り返り，次への見通し
- 自分なりの表現
- 表現する喜び　等

**遊びを通しての
総合的な指導**

- 思いやり　●安定した情緒　●自信
- 相手の気持ちの受容　●好奇心，探究心
- 葛藤，自分への向き合い，折り合い
- 話合い，目的の共有，協力
- 色・形・音等の美しさやおもしろさに対する感覚
- 自然現象や社会現象への関心　等

学びに向かう力・人間性等
（心情，意欲，態度が育つ中で，いかによりよい生活を営むか）

- 3つの円の中で例示される資
  質・能力は，5つの領域の「ね
  らい及び内容」及び「幼児期の
  終わりまでに育ってほしい姿」
  から，おもなものを取り出し，
  便宜的に分けたものである。

◎文部科学省「幼児教育部会における審議の取りまとめ（平成28年8月26日）」より引用

図0-1　幼児教育において育みたい資質・能力

（3）幼児期の終わりまでに育ってほしい姿と幼小接続の推進

　さらに，今回の改訂では幼児期の終わりまでに育ってほしい姿を示しています。これは，「健康な心と体」「自立心」「協同性」「道徳性・規範意識の芽生え」「社会生活との関わり」「思考力の芽生え」「自然との関わり・生命尊重」「数量や図形，標識や文字などへの関心・感覚」「言葉による伝え合い」「豊かな感性と表現」であり，「10の姿」とも言われますが，５領域の中からくくりだされたものです（表0-1）。

表0-1　幼児期の終わりまでに育ってほしい姿と５領域の関連

５領域	10の姿
①健康	健康な心と体
②人間関係	自立心
	協同性
	道徳性・規範意識の芽生え
	社会生活との関わり
③環境	思考力の芽生え
	自然との関わり・生命尊重
	数量や図形，標識や文字などへの関心・感覚
④言葉	言葉による伝え合い
⑤表現	豊かな感性と表現

　そして，この幼児期の学びの具体的な姿である10の姿を通して，小学校と共有されるよう工夫，改善を行うことが求められています。小学校学習指導要領にも，「幼児期の終わりまでに育ってほしい姿を踏まえた指導を工夫する」のほか，「小学校入学当初においては，幼児期において自発的な活動としての遊びを通して育まれてきたことが，各教科等における学習に円滑に接続されるよう，生活科を中心に，合科的・関連的な指導や弾力的な時間割の設定など，指導の工夫や指導計画の作成を行うこと」とあります。

　つまり，今回の改訂では，遊びによる総合的指導を通しての小学校との学びの連続性が強調されているのです。そのため，これまでに述べた

３つの資質能力，５領域，10の姿を踏まえ，より質の高い幼児教育を行うためのカリキュラム・マネジメントが求められています。

（４）現代的な諸課題を踏まえた教育内容の見直し

　幼児教育の重要性として掲げられる自己制御や自尊心などの非認知能力の重要性など，現代的な諸課題を踏まえた教育内容の見直しに加え，預かり保育や子育て支援の充実など保護者や地域に幼稚園のはたらきを開いていくことなどが示されました。

3　保育所保育指針の改定のポイント

（１）乳児・１歳以上３歳未満児の保育に関する記載の充実

　乳児から２歳児くらいの時期は心身の発達の基盤が形成される重要な時期であると同時に，生活や遊びを通して主体的に周囲の人や物に興味を持ちかかわっていく姿は，「学びの芽生え」であると考えられることを踏まえ，３歳未満児の保育の意義を明確化し，その内容について一層の充実を図ることが今回の改定の大きなポイントです。

　その背景には，保育所入所希望者が増大し，３歳未満児の保育の定員が大きく増えたことがあります。また，３歳未満児の発達上の特徴などを踏まえ，３歳以上児と区別して記述する必要性があったこともその理由です。そして，乳幼児期に自尊心や自己制御などの非認知能力の育成が人間の一生の成長において重要であることも背景にあります。

（２）幼児教育の積極的な位置づけ

　今回の改定は，保育所保育も幼稚園教育と同じ幼児教育機能があることが示されました。それは，従来の知識偏重の教育ではなく，資質能力を育てる学校教育全体の改革の一端を保育所も担うことになったことを意味するのです。

　保育指針においては，従来通り，子どもが現在を最も良く生き，望ま

しい未来をつくり出す力の基礎を培うために，環境を通して養護及び教育を一体的に行うという記述がなされています。この記述をより一層充実させることが重要です。指針には「主体的・対話的で深い学び」や「カリキュラム・マネジメント」という用語は使用されていませんが，その意図は関連個所に含まれています。

（3）健康及び安全についての記載の見直し

家庭や地域における子どもの育ちをめぐる環境の変化を踏まえ，一人ひとりの健康状態や発達の状態に応じて，子どもの健康支援や食育の推進が求められています。また，アレルギー疾患への対応や事故防止等に関して，保育所内での体制構築が求められているのです。さらに，東日本大震災以降の自然災害等の状況を勘案し，子どもの生命を守るための危機管理体制等も求められます。これらを踏まえ，健康及び安全に関する記載内容の見直しと，さらなる充実を図る方向性で記述されています。

（4）保護者・家庭及び地域と連携した子育て支援

2008 年改定で「保護者に対する支援」として位置付けられた章を「子育て支援」として改めた上で，記載内容の整理と充実が図られています。それは，子育て家庭への支援の必要性が高まる中で，多様化する保育ニーズに応じた保育，特別なニーズを有する家庭への支援，児童虐待の発生予防及び発生時の迅速かつ適切な対応などが求められることが背景にあります。

また，地域で子育て支援に携わる他の機関や団体など様々な社会資源との連携や協働を強めることで，子育て支援の充実が求められています。

（5）職員の資質・専門性の向上

保育所において特に中核的な役割を担う保育士をはじめ，職員の研修機会の確保と充実を図ることが重要な課題としてあげられています。そして，施設長の役割及び研修の実施体制を中心に，保育所において体系

的・組織的に職員の資質向上を図っていくための方向性や方法等を明確化しました。

4 幼保連携型認定こども園教育・保育要領の改訂のポイント

幼保連携型認定こども園教育・保育要領の改訂においては，幼稚園教育要領および保育所保育指針との整合性に加え，特に配慮すべき事項として，以下の事項の充実を図っています。

・満３歳以上の新園児や他の保育施設から移行してくる子どもへの配慮。
・異年齢の子どもがかかわる機会を生かした多様な経験や園児同士の学び合いができるような工夫。
・在園時間が異なる子どもがいることへの配慮。
・長期休業中の子どもたちへの体験の差への配慮。
・多様な生活形態の保護者が在園していることへの配慮や，地域における子育て支援の役割等，子育ての支援に関する内容の充実。

2018年10月

保育・幼児教育シリーズ執筆者代表

大豆生田啓友・若月芳浩

参考文献

◎汐見稔幸・無藤隆監修，ミネルヴァ書房編集部編『〈平成30年施行〉保育所保育指針 幼稚園教育要領 幼保連携型認定こども園教育・保育要領 解説とポイント』ミネルヴァ書房，2018年
◎厚生労働省「保育所保育指針」2018（平成30）年
◎内閣府「幼保連携型認定こども園教育・保育要領」2018（平成30）年
◎文部科学省「幼稚園教育要領」2018（平成30）年

はじめに

　科学や技術の進歩，休むことなく24時間365日動いている社会構造の変化は，生活に豊かさを与えると同時に，生きること，幸せであることに多様な価値観を生み出し，様々な生き方を保障してきた。こうした中で，私たちが豊かに幸せに暮らしやすくなった事実がある一方，この豊かさや便利さには，人として生きるための多様な動きや体を動かす機会を減少させ，様々な経験を奪っている可能性も潜んでいる。生活の中で動くことにより培われ維持される体力や，諸運動能力の獲得も，ややもすると危ぶまれる時代でもある。こうした社会構造の中で生きていく私たちは今，改めて「健康とは何か」「健康な生活とはどのようなことか」「健康を維持させる運動とはどのようなことか」を考えていく必要があると思われる。

　そして，こうした動向は子どもを取り巻く社会とも密接につながり，その環境下で生活し，育ちゆく子どもたちへの影響が大きいことは言うまでもない。体を動かす空間，時間，仲間といった三つの「間」が失われつつあると言われて久しく，幼少期だからこそ，生涯にわたる生きる力の基礎をいかに耕し，構築させるかを，今このときに考えていかなくてはならない現実がある。小学校就学前の教育・保育に携わる者として，この時代に，そして未来に生きる子どもの心身の発育・発達と，運動諸機能の発達を促すための保障をいかになしていくかを考えなくてはならないだろう。

　そのため，本テキストは，幼稚園・保育所・認定こども園での，保育・教育のあり方全般をとらえて保育内容の「健康」に関する領域を学ぶこととし，幼稚園教育要領，保育所保育指針，幼保連携型認定こども園教育・保育要領の内容を網羅して構成している。前半部は，まず教育・保育の原理を確認し，次に生理学・保健学等の領域から子どもの育ちの理解のための基礎知識を学ぶことに重点をおいた。今日に至るまでの科学的知見からの身体の発育と，それに関連して育つ心の発達についての知識を学ぶこととする。基礎知識としては専門性の高い内容となっているが，変わりゆく社会の中でも普遍性をもって知るべき内容を取り上げて

いるので，熟読して学修されることを期待する。また後半部は，保育実践と家庭教育との連携，地域との連携等の実践的な内容と今日の新たなる課題として考えるべき諸問題を取り上げている。保育実践においては，保育・教育における具体的な計画とその展開のヒントになるような実践事例や園生活全般での健康支援と安全管理，衛生指導等の諸課題に触れ，具体的な実践場面を思い浮かべながら学修ができるように構成している。さらに，今日的課題についても，最終章やコラムで学べるようにしている。

　本テキストが，保育者の専門性をもって保育を計画し，営むことができるよう，また保育の専門家としての優れた判断と根拠をもった援助や指導につながる一助となることを切に願っている。

編著者　宮﨑　豊
　　　　田澤里喜

※本書では，幼稚園教育要領，保育所保育指針，幼保連携型認定こども園教育・保育要領を合わせて，幼稚園教育要領他と示す。
※幼保連携型認定こども園教育・保育要領は特記する場合を除き，教育・保育要領と略す。

健康の指導法

保育・幼児教育シリーズ改訂第2版にあたって……………………………………………… iii
はじめに……………………………………………………………………………………………… xi

第1章 保育内容「健康」とは何か

第1節　乳幼児期における健康とは ……………………………………………………… 1
第2節　保育所保育指針，幼保連携型認定こども園教育・保育要領における
　　　　乳児保育の3つの視点とは ……………………………………………………… 2
第3節　幼稚園教育要領，保育所保育指針，
　　　　幼保連携型認定こども園教育・保育要領における「領域」とは …… 4
第4節　領域「健康」における「ねらい」とは ……………………………………… 5
第5節　領域「健康」における「内容」について …………………………………… 7
第6節　「健やかに伸び伸びと育つ」の視点と
　　　　領域「健康」の「内容の取扱い」について ……………………………… 12
第7節　保育所保育指針における「養護」の視点 ………………………………… 16

第2章 乳幼児の体の育ちと運動能力の発達

第1節　乳幼児の発育 ……………………………………………………………………… 21
第2節　乳幼児の運動発達 ………………………………………………………………… 30

第3章 0・1・2歳児の体の育ちと生活・遊び

第1節　0歳児の体の育ちと生活・遊び ……………………………………………… 41
第2節　1歳児の体の育ちと生活・遊び ……………………………………………… 57
第3節　2歳児の体の育ちと生活・遊び ……………………………………………… 68
コラム　みんなが育ち合うインクルーシブ教育・保育 ………………………… 76

第4章 3・4・5歳児の体の育ちと生活・遊び

第1節　3・4・5歳児の体の育ちと遊び …………………………………………… 79

第2節	３・４・５歳児の体を育てる遊びを考える	90
第3節	３・４・５歳児の運動遊びの指導の実際	94
コラム	子どもと家族と共につくる運動会 〜のびのびと活動する子どもの姿を求めて〜	106

第5章 教育・保育実践における乳幼児期の食育

第1節	食育の重要性	109
第2節	乳幼児期の食の営み	111
第3節	園生活における食育	115
第4節	食物アレルギーへの対応	123
コラム	おもてなしの心が詰まったカレーパーティー 〜育てる・調理する・集う・つなぐ食育実践〜	128

第6章 保育・教育の中の安全・衛生指導のあり方と安全管理を考える

第1節	生活習慣に関する指導	131
第2節	健康教育に関する指導	137
第3節	安全教育に関する指導	141
第4節	けがや病気の対応について	152
コラム	子どもの生活と「けが」	160

第7章 保護者への連携と健康指導を考える

第1節	「明るく伸び伸びと行動し，充実感を味わう」ための家庭との連携	163
第2節	「自分の体を十分に動かし，進んで運動しようとする」ための家庭との連携	167
第3節	「健康，安全な生活に必要な習慣や態度を身に付ける」ための家庭との連携	169

第8章 乳幼児の健康にまつわる今日的課題

第1節	乳幼児の生活環境と体の育ち	183
第2節	乳幼児期の健康支援	189
第3節	病気の子どもの保育	191
第4節	おなかがすいた，食べたいと思える食育の推進	194

保育内容「健康」とは何か

　保育所・幼稚園・幼保連携型認定こども園などの就学前の教育・保育施設は，集団生活の特性を活かし，教育・保育をすることで子どもの成長・発達を助長する場である。また，多くの子どもにとっては，親元を離れての生活を送る，何事も初めての連続の場でもある。本章では，そのような生活の場で行われる保育とはどのようなものであることが望ましいのか，領域「健康」ではどのようなことをねらい，どのような内容を展開するのかを，幼稚園教育要領他の考え方から学ぶこととする。
　また，乳幼児期の子どもにとって健康な生活を送るために保育者の役割とはどのようなものかを考えていく。

 第1節　乳幼児期における健康とは

　乳幼児期の子どもを取り巻く環境は，経済効果を優先した社会構造とそれに伴う大人（保護者）の働き方，科学技術の進展，価値観多様化等の変化によって，年々，著しく変化している現状にあると考えられる。高層化が進む住宅事情や安全・安心，利便性をうたう生活文化が発展する時代の趨勢から考えると，乳幼児期における「健康」については，単に今日のスタイルを否定するのではなく，科学的知見に基づいて常に問い返し，保護者と共に子どもにとって最善の状況を創造する必要があると考える。

　まず，ここでは，その最善を尽くすために「健康とは何か」をひもとくことから始めることとする。世界保健機関（WHO）では，「健康」を以下のような定義で前文に示している。

> 健康とは，病気でないとか，弱っていないということではなく，肉体的にも，精神的にも，そして社会的にも，すべてが満たされた状態にあることをいいます。
> 　（原文）　Health is a state of complete physical, mental and social well-being and not merely the absence of

第1章 保育内容「健康」とは何か

disease or infirmity.[1]

　では，乳幼児にとって，このような状況とはどのようなことであろうか。生命の保持が保障されていること。信頼のおける養育者との愛情関係に支えられ，心が充足され安定していること。社会的にも子どもが大切にされ，子どもの幸せを願った社会システムの構築と子どものための文化が保障されていることが求められているとするなら，現状はどうであろうか。今日の社会においてはややもすると，子どもの本質的な姿なしに，子どもの健康の問題が語られかねず，どこかで立ち止まって，子どもの育ちの保障がなされているかを考える必要があるだろう。

　では，こうした「満たされている状況」を具体的にイメージしていくにはどのようにしたらよいだろうか。そのイメージと満たされているかどうかの判断をより明らかにするためには，学校教育法第23条及び保育所保育指針の総則の目標における健康に関する記載事項に立ち戻り，子どもの姿をひもといていくと分かりやすいのではないだろうか。

　さて，幼稚園教育及び幼保連携型認定こども園においては，教育の目標を，「健康，安全で幸福な生活のために必要な基本的な習慣を養い，身体諸機能の調和的な発達を図ること」とし，保育所保育指針では，保育の目標を「（ア）十分に養護の行き届いた環境の下に，くつろいだ雰囲気の中で子どもが様々な欲求を満たし，生命の保持及び情緒の安定を図ること。（イ）健康，安全など生活に必要な基本的な習慣や態度を養い，心身の健康の基礎を培うこと」とし，このそれぞれに示される内容とそこを目指す姿が，まさに乳幼児にとっての最善の健康状況であると考えることができるのではないだろうか。

第2節 保育所保育指針，幼保連携型認定こども園教育・保育要領における乳児保育の3つの視点とは

　昨今の諸科学の知見により，乳児から2歳児までの生活や遊びが，心身の発達の基盤となる重要な時期であること，生涯，主体的に人やものに直接的に関わろうとする姿，「学びの芽生え」とのいえるものがあるとし，3歳未満児の保育の意義を明確に，その充実を図ることとなった。その上で，特に生後1年間の乳児期は，発達が未分化であるため，図1

-1に示すような関係性のなか,「健やかに伸び伸びと育つ」「身近な人と気持ちが通じ合う」「身近なものと関わり感性が育つ」という3つの視点から保育内容を整理して示されている。身体的発達に関する視点としては,「健やかに伸び伸びと育つ」視点が挙げられている。

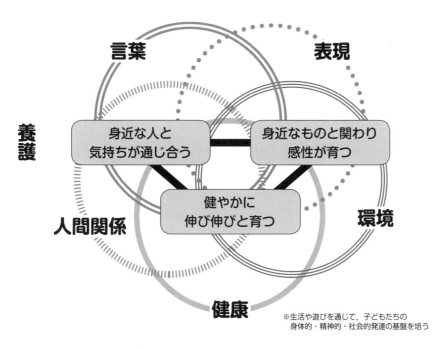

図1-1　乳児保育における3つの視点と5つの領域との関係
◎厚生労働省「保育所保育指針の改定に関する議論のとりまとめ（平成28年12月21日）」

また,この視点の中で培う力を,「健康な心と体を育て,自ら健康で安全な生活をつくり出す力の基盤を培う」とし,以下の3つのねらいが示されている。

①身体感覚が育ち,快適な環境に心地よさを感じる。
②伸び伸びと体を動かし,はう,歩くなどの運動をしようとする。
③食事,睡眠等の生活のリズムの感覚が芽生える。

そして,具体的な内容としては,表1-1に示す5つの内容が示されている。

第1章　保育内容「健康」とは何か

表1-1　乳児保育における「健やかに伸び伸びと育つ」の視点の内容

保育所保育指針（2017），幼保連携型認定こども園教育・保育要領（2017）
① 保育士等（保育教諭等）の愛情豊かな受容の下で，生理的・心理的欲求を満たし，心地よく生活をする。 ② 一人一人の発育に応じて，はう，立つ，歩くなど，十分に体を動かす。 ③ 個人差に応じて授乳を行い，離乳を進めていく中で，様々な食品に少しずつ慣れ，食べることを楽しむ。 ④ 一人一人の生活リズムに応じて，安全な環境の下で十分に午睡をする。 ⑤ おむつ交換や衣服の着脱などを通じて，清潔になることの心地よさを感じる。

※文中（　）は，幼保連携型認定こども園教育・保育要領の表現を示す。

　これらのねらいと内容は，心と体の健康は相互に密接な関係にあることを踏まえ，安定した情緒が築かれた上での生活や遊びの場面で，保育者の専門性と言われる『応答的な関わり』を通して，移動行動を中心に自らの体を動かそうとする意欲を育てること，また，食べる喜びや楽しさを味わい，食習慣の形成を目指すことが体を育てることや排泄や生活に関する感覚を身に付けることができるように保育を展開することが望ましいとされている。

第3節　幼稚園教育要領，保育所保育指針，幼保連携型認定こども園教育・保育要領における「領域」とは

　乳幼児期の教育・保育の基盤を示す，幼稚園教育要領他において，「領域」とは，乳幼児期の発達の側面をとらえる窓口として考えられているものである。それは，子どもの生活と遊びの中に，育ちを見つめ，育てようとする姿を具体的に描くための視点として位置づけられているものである。
　また，これらの「領域」は単独で子どもの発達を遂げるものではなく，一つの遊び，一つの生活場面において相互に影響し合って子どもの発達を支えるものとなると考えられている。よって，幼稚園や保育所では，日々の保育の中での生活，遊び，活動の種々の場面で総合的な指導を行うことが求められている。つまり，幼稚園教諭・保育士・保育教諭であ

る保育者が，子どものある経験の中にどのような育ちと教育・保育の意味合いを見いだすのかが即時的に求められることになる。専門性のある判断とその根拠，それに伴う子どもの視点に立った援助・指導が行えることが大切である。以下，子どもの育ちを支える具体的な視点としての領域「健康」の「ねらい」および「内容」について学ぶこととする。なお，2017（平成29）年3月に改定（改訂）された保育所保育指針及び教育・保育要領では，保育の対象となる子どもの発達の特性に応じた保育（養護と教育）を展開することを第一義とし，乳児期の保育，1歳以上3歳児未満の子どもの保育が特出され，3歳以上の子どものねらいや内容を分けて項目立てられている。以下，1歳以上3歳未満児と3歳以上児の年齢区分ごとにその「ねらい」及び「内容」を対比させながら，その育ちの特性に応じた教育・保育を展開することを考えるものとする。

第4節　領域「健康」における「ねらい」とは

　幼稚園教育要領他では，就学前の教育・保育の場を修了するまでに「健康な心と体を育て，自ら健康で安全な生活をつくり出す力を養う」ことをめざし，以下の表1-2に示す「ねらい」が明示し，実践がなされることとしている。

表1-2　領域「健康」のねらい

1歳以上3歳未満児の保育のねらい	3歳以上児の保育のねらい
① 明るく伸び伸びと<u>生活し，自分から体を動かすことを楽しむ</u>。	① 明るく伸び伸びと行動し，<u>充実感を味わう</u>。
② 自分の体を十分に動かし，<u>様々な動きをしようとする</u>。	② 自分の体を十分に動かし，<u>進んで運動しようとする</u>。
③ 健康，安全な生活に必要な習慣に<u>気付き，自分でしてみようとする気持ちが育つ</u>。	③ 健康，安全な生活に必要な習慣や態度を<u>身に付け，見通しをもって行動する</u>。

※下線は筆者が加筆。

　これらの「ねらい」は，就学前の教育・保育全体を通して育つことが期待される，心情，意欲，態度であると考えられている。順にそれを読み解くと，それぞれ，①は心情，②は意欲，③は態度という側面が表現

第1章 保育内容「健康」とは何か

されていることが分かる。

　これらは，乳幼児期の子どもが自分で取り組むことができることを喜び，活動が活発になるという育ちの特徴をとらえての設定であり，体の諸側面の調和的な発育・発達を目指すものである。

　1つ目のねらいである，「明るく伸び伸びと生活し，自分から体を動かすことを楽しむ」「明るく伸び伸びと行動し，充実感を味わう」について考えてみる。このような心持ちになるためには，まず，安全で安心した環境下であることが求められる。乳幼児期からの特定の保育者（養育者）との関係において，応答的な関わりに基づいた十分な愛情を受け，安定する経験があるからこそ，自分から主体的に関心を広げ，動くことが可能になる。その上で，遊びに専念することができればこそ，様々な動きを体験し，試行錯誤の中で新たなる自己充実感，自己肯定感をもつことができるであろう。子どもが自らもつ力を発揮するためには身近にいる保育者が，手をのばしてみたい，体を動かしてみたい，と思える環境を整え，安定した生活の基盤をつくることが何よりも大切であると思われる。

　次に2つ目の「自分の体を十分に動かし，様々な動きをしようとする」「自分の体を十分に動かし，進んで運動しようとする」というねらいについて考えてみる。乳幼児期は生活の中で様々なことに挑戦し，自分の可能性を体感して学んでいく時期である。そうした経験を通して，体の調和的な発育・発達を可能にするものなので，身近にいる保育者は，子どもの動きに共鳴・共動したり，ときにモデルとなり率先して動くことや失敗して再挑戦したりする姿なども見せていき，子どもの挑戦を促すことが大切である。様々な形で体を動かし，心地よい体験を重ねて進んで体を動かす意欲を育てたいものである。

　そして3つ目のねらいである「健康，安全な生活に必要な習慣に気付き，自分でしてみようとする気持ちが育つ」「健康，安全な生活に必要な習慣や態度を身に付け，見通しをもって行動する」について考える。家庭との連携を密にし，集団の保育の場で，日々の生活の中で繰り返して経験を重ね，自らが挑戦したり，友達と一緒に取り組んだりして，健康や安全に対する感覚や習慣を身に付けることは，幼児期の大きな課題となる。自分の体の健康に関すること，睡眠，食事，清潔や病気の予防などに関心をもつ，けがや事故から身の回りの安全に関心をもつような，集団の生活の場であるからこそできる指導を展開することが大切になる。生活習慣の確立は，就学前の時期のみならず，就学後に継続して

確立される場合もあることを考え，幼児期にはその土壌を耕し，種を蒔いておきたいものである。また，小学校の生活やそれ以降の生活をも視野に入れ，自らが見通しをもって行動できるような経験も積み重ねることが大切であるとされている。

　いずれも，ねらいを達成させるためには，幼児期にふさわしい生活としての保育者や友達との関係の中で，また，直接的な体験を通して自然な流れの中で身に付けていくことが大切である。

第5節　領域「健康」における「内容」について

　領域に示される「内容」は，「ねらい」を達成するために必要な具体的経験が整理され，まとめられている。この内容を概観すると，(1)何事にも喜んで参加し体を動かす子どもを育てることに関する内容，(2)生活習慣の基盤が習得できる子どもを育てることに関する内容，(3)自分から進んで健康に関心をもつ子どもを育てることに関する内容，の大きな3つのテーマに集約することができよう。以下，領域「健康」における「内容」の子どもに育てたい経験と指導におけるポイントを考えてみる。

1　何事にも喜んで参加し体を動かす子どもを育てることに関する内容

　家庭とは異なる乳幼児の集団保育の場において，身近にいる保育者を拠り所にして，身近な大人に受け入れられ，見守られている実感をもつ生活はとても大切なことである。子ども自身がのびのびと生活をし，遊ぶだけでなく，他児への関心を広げる基盤となるからである。また，友達との関わりの中での葛藤やけんかなども経験し，それらをばねにし，新しい活動に挑戦することもある。こうした心の安定の中，表1-3に示すように，自分の世界を広げていく経験を積み重ねたいものである。

第1章 保育内容「健康」とは何か

表1-3 領域「健康」における「内容」（抜粋）A

1歳以上3歳未満児の保育のねらい	3歳以上児の保育のねらい
① 保育士等の愛情豊かな受容の下で，安定感をもって生活をする。 ③ 走る，跳ぶ，登る，押す，引っ張るなど全身を使う遊びを楽しむ。	① 保育士等（先生・保育教諭等）や友達と触れ合い，安定感をもって行動する。 ② いろいろな遊びの中で十分に体を動かす。 ③ 進んで戸外で遊ぶ。 ④ 様々な活動に親しみ，楽しんで取り組む。

※文中（　）は，幼稚園教育要領，幼保連携型認定こども園教育・保育要領の表現を示す。

　また，就学前の教育・保育の場での運動経験とは，あるスポーツの運動スキルを習得することやある技能に特化することではないのはいうまでもない。生活や遊びの中で様々な動きを体験することが大切だと考えられている。自然な生活の流れの中で，保育室内，園庭や戸外に自由に行き来し，ものや人と関わりながら，基本的な運動（「体のバランスをとる動き」「体を移動する動き」「用具などを操作する動き」）を体験し，自分の体がこんなにも動くのか，また，体を動かすと気持ちがいいという喜びに出会えるような生活が送れるように支えたいものである。特に戸外での遊びの体験は年々減少し，動きの多様性を学ぶことも少ないと考えられている。保育室や園庭に子どもが自ら関わりたいと思えるような環境を整えたいものである。あわせて，体を動かすことを温かく見守ってくれる安心感があること，体を動かした時の気持ちを共感したり，様々な運動に挑戦したりした際に保育者からの励ましや応答的に認める言葉がけがあることは，自尊心や自己肯定感を育み，次の主体的な行動につながることになるため，保育者としての専門性のある行為として意識して関わりたいものである。

　また，少子化の社会の中で減少している，異年齢の子ども同士が関わり，憧れをもって挑戦したり，年少の子どものお世話をしたりして支えることで新たなる遊びや動きを生み出す可能性もあるので大切にしたい。

写真1-1　動きを保障する保育室内の環境（乳児）

写真1-2　様々な動きを保障する砂場での環境（乳児）

写真1-3　様々な動きを保障する園庭の環境（自然環境）

写真1-4　様々な動きを保障する園庭の環境（総合遊具）

2　生活習慣の基盤が習得できる子どもを育てることに関する内容

表1-4　教育の目標として特に重視していること　　　　　　　　　　　園の区分別（％）

	1位		2位		3位		4位	
国公立幼稚園	健康な身体をつくること	39.0	友だちを大事にし，仲良く協力すること	37.5	基本的な生活習慣を身につけること	35.5	遊びの中でいろいろなものに興味をもつこと	30.3
私立幼稚園	基本的な生活習慣を身につけること	41.2	豊かな情操や感性を育むこと	32.8	健康な身体をつくること	31.8	人への思いやりをもつこと	30.7
公営保育所	健康な身体をつくること	47.2	基本的な生活習慣を身につけること	43.6	人への思いやりをもつこと	35.1	友だちを大事にし，仲良く協力すること	32.0
私営保育所	基本的な生活習慣を身につけること	44.3	健康な身体をつくること	42.0	人への思いやりをもつこと	36.3	豊かな情操や感性を育むこと	29.8
認定こども園	基本的な生活習慣を身につけること	38.8	健康な身体をつくること	36.7	豊かな情操や感性を育むこと	33.8	遊びの中でいろいろなものに興味をもつこと	32.4

出所：ベネッセ教育総合研究所次世代育成研究室「第2回幼児教育・保育についての基本調査報告書」2012年

　基本的な生活習慣については，家庭教育の役割も大きいが，集団保育だからこそ促される社会的ルールの獲得や友達と共に取り組むと習得することができることも多い。そのた

第1章 保育内容「健康」とは何か

め，幼児の発達の特性もとらえ，教育・保育の内容として掲げられている。前回の2008（平成20）年度の幼稚園教育要領他の改定（改訂）では，特に食育に関する事項が加えられ，お弁当を持参する子どもたちの偏食指導や家庭での食育への啓蒙活動を行い，子どもたちの体をつくる取り組みについて新たなる動きに取り組んできている。

表1-5 領域「健康」における「内容」（抜粋）B

1歳以上3歳未満児の保育のねらい	3歳以上児の保育のねらい
② 食事や午睡，遊びと休息など，保育所における生活のリズムが形成される。	⑤ 保育士等（先生・保育教諭等）や友達と食べることを楽しみ，食べ物への興味や関心をもつ。
④ 様々な食品や調理形態に慣れ，ゆったりとした雰囲気の中で食事や間食を楽しむ。	⑥ 健康な生活のリズムを身に付ける。
⑤ 身の回りを清潔に保つ心地よさを感じ，その習慣が少しずつ身に付く。	⑦ 身の回りを清潔にし，衣服の着脱，食事，排泄などの生活に必要な活動を自分でする。
⑥ 保育士等（保育教諭等）の助けを借りながら，衣類の着脱を自分でしようとする。	⑧ 保育所（幼稚園，幼保連携型認定こども園）における生活の仕方を知り，自分たちで生活の場を整えながら見通しをもって行動する。
⑦ 便器での排泄に慣れ，自分で排泄ができるようになる。	

※文中（　）は，幼稚園教育要領，教育・保育要領の表現を示す。

　こうした基本的な生活習慣の指導は，当初は保育者が促し，気付きながら取り組んでいくが，保育者や友達に認めてもらったり，憧れをもったりして，後に，自らが動き，生活を整えることが心地よいとなるように支援をしていくことが必要である。また，図1-2に示すように近年話題になっている子どもの睡眠時間を核とした生活づくりも，2006（平成18）年度から始まった科学的知見を前提にしたプロジェクト（国民運動としての「早寝早起き朝ごはん」）の成果ともいえるべく，保護者の努力も重ねられ，徐々に改善の兆しがみられている。このように保護者にも正しい情報を開示し，子どものために共に取り組む視点をもって，子どもの健康を守りたいものである。とはいえ，子どもであるゆえに，すぐに習得することばかりではなく，一人ひとりの子どもの育ち，言葉の理解度などを考え，積み重ねていき，保護者と共に自然に定着するような指導を心がけることが大切だと考える。

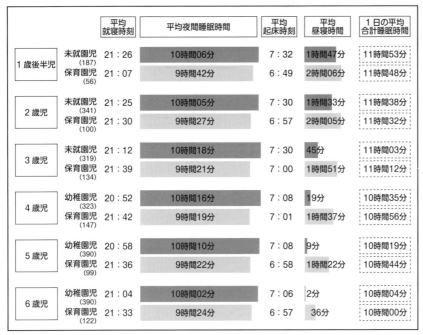

注1) 1歳後半児は1歳6か月〜1歳11か月の幼児。
注2) 起床時刻，就寝時刻，昼寝時間のいずれかの質問に対して無答不明のあった人は分析から除外している。
注3) 就寝の平均時刻は，「19時以前」を19時，「19時半頃」を19時30分，「23時半以降」を23時30分のように置き換えて算出した。
注4) 起床の平均時刻は，「5時半以前」を5時30分，「6時頃」を6時，「9時以降」を9時のように置き換えて算出した。
注5) 平均夜間睡眠時間は，平均就寝時刻と平均起床時刻から算出した。
注6) 平均昼寝時間は「3時間より多い」を3時30分，「昼寝はしない」を0分のように置き換えて算出した。
注7) 平均合計睡眠時間は，平均夜間睡眠時間と平均昼寝時間から算出した。
注8) （ ）内はサンプル数。

図1-2　就寝・起床の平均時刻と1日の平均合計睡眠時間
(子どもの年齢別・就園状況別　2010年)

出所：ベネッセ教育総合研究所次世代育成研究室「第4回幼児の生活アンケート・国内調査」2010年

3 自分から進んで健康に関心をもつ子どもを育てることに関する内容

　乳幼児が，自分の体のことに気付き，健康の状態や自らの安全に気付くことは難しいことであるが，日々の生活や遊びの中で保育者が意図的に言葉にしていくことは大切である。この視点の内容は，表1-6が示すように3歳以上児の教育・保育の内容となる。幼児期なればこその指導内容であり，後の生活や学びの中で生かされるように指導することが求められている。

第1章 保育内容「健康」とは何か

表1-6 領域「健康」における「内容」（抜粋）C

1歳以上3歳未満児の保育のねらい	3歳以上児の保育のねらい
記載なし。	⑨ 自分の健康に関心をもち，病気の予防などに必要な活動を進んで行う。 ⑩ 危険な場所，危険な遊び方，災害時などの行動の仕方が分かり，安全に気を付けて行動する。

　日々の生活の中のけがや病気の機会をとらえ，乳幼児なりに体の不調に気付くように言葉をかけたり，自分の体を大切にすることを伝えたりすることは忘れてはならない。保育の中で直接的に体験したことは，着実に子どもの中に刻まれていくからである。今すぐに状況を理解したり，説明ができるようにしたりするといったことを求めるのではなく，積み重ねをしていくことを大切にしたい。

　また，安全管理，危険回避については，第6章で触れるが，子どもとの生活の中で，保育者が子どもと共に危険回避に向き合ったり，安全管理のための環境構成の姿を見せる等に取り組むことにより，子どもなりに安全を考えたり，気を付けて行動できるようになることがある。日々の生活の自然な流れの中で気付くような指導をしていくことが大切である。

　加えて，災害時への対策や交通安全，防犯への意識付けも大切な指導の視点ともなるので，地域の行政機関との連携を図り，指導を進めたい。

　この際，避難訓練が慣れにならないようにしたり，交通安全の指導や防犯の指導が恐怖を呼び起こし，そのままで終わったりしないように，具体的，直接的な体験の中にも細心の配慮の上で実施回数や実施方法を検討して指導することが大切である。

第6節 「健やかに伸び伸びと育つ」の視点と領域「健康」の「内容の取扱い」について

　第5節に示した「内容」を指導する際の留意する視点として，保育所保育指針では表1-7に示す「内容の取扱い」が掲げられている。

表1-7 「健やかに伸び伸びと育つ」の視点と領域「健康」の「内容の取扱い」

乳児保育の3つの視点のうち「健やかに伸び伸びと育つ」の内容の取り扱いについて
① 心と体の健康は，相互に密接な関連があるものであることを踏まえ，温かい触れ合いの中で，心と体の発達を促すこと。特に，寝返り，お座り，はいはい，つかまり立ち，伝い歩きなど，発育に応じて，遊びの中で体を動かす機会を十分に確保し，自ら体を動かそうとする意欲が育つようにすること。 ② 健康な心と体を育てるためには望ましい食習慣の形成が重要であることを踏まえ，離乳食が完了期へと徐々に移行する中で，様々な食品に慣れるようにするとともに，和やかな雰囲気の中で食べる喜びや楽しさを味わい，進んで食べようとする気持ちが育つようにすること。なお，食物アレルギーのある子どもへの対応については，嘱託医等の指示や協力の下に適切に対応すること。

1歳以上3歳未満児の保育	3歳以上児の保育
① 心と体の健康は，相互に密接な関連があるものであることを踏まえ，子どもの気持ちに配慮した温かい触れ合いの中で，心と体の発達を促すこと。特に，一人一人の発育に応じて，体を動かす機会を十分に確保し，自ら体を動かそうとする意欲が育つようにすること。 ② 健康な心と体を育てるためには望ましい食習慣の形成が重要であることを踏まえ，ゆったりとした雰囲気の中で食べる喜びや楽しさを味わい，進んで食べようとする気持ちが育つようにすること。なお，食物アレルギーのある子どもへの対応については，嘱託医等の指示や協力の下に適切に対応すること。 ③ 排泄の習慣については，一人一人の排尿間隔等を踏まえ，おむつが汚れていないときに便器に座らせるなどにより，少しずつ慣れさせるようにすること。 ④ 食事，排泄，睡眠，衣類の着脱，身の回りを清潔にすることなど，生活に必要な基本的な習慣については，一人一人の状態に応じ，落ち着いた雰囲気の中で行うようにし，子どもが自分でしようとする気持ちを尊重すること。また，基本的な生活習慣の形成に当たっては，家庭での生活経験に配慮し，家庭との適切な連携の下で行うようにすること。	① 心と体の健康は，相互に密接な関連があるものであることを踏まえ，子どもが保育士等や他の子どもとの温かい触れ合いの中で自己の存在感や充実感を味わうことなどを基盤として，しなやかな心と体の発達を促すこと。特に，十分に体を動かす気持ちよさを体験し，自ら体を動かそうとする意欲が育つようにすること。 ② 様々な遊びの中で，子どもが興味や関心，能力に応じて全身を使って活動することにより，体を動かす楽しさを味わい，自分の体を大切にしようとする気持ちが育つようにすること。その際，多様な動きを経験する中で，体の動きを調整するようにすること。 ③ 自然の中で伸び伸びと体を動かして遊ぶことにより，体の諸機能の発達が促されることに留意し，子どもの興味や関心が戸外にも向くようにすること。その際，子どもの動線に配慮した園庭や遊具の配置などを工夫すること。 ④ 健康な心と体を育てるためには食育を通じた望ましい食習慣の形成が大切であることを踏まえ，子どもの食生活の実情に配慮し，和やかな雰囲気の中で保育士等や他の子どもと食べる喜びや楽しさを味わったり，様々な食べ物への興味や関心をもったりするなどし，食の大切さに気付き，進んで食べようとする気持ちが育つようにすること。 ⑤ 基本的な生活習慣の形成に当たっては，家庭での生活経験に配慮し，子どもの自立心を育て，子どもが他の子どもと関わりながら主体的な活動を展開する中で，生活に必要な習慣を身に付け，次第に見通しをもって行動できるようにすること。 ⑥ 安全に関する指導に当たっては，情緒の安定を図り，遊びを通して安全についての構えを身に付け，危険な場所や事物などが分かり，安全についての理解を深めるようにすること。また，交通安全の習慣を身に付けるようにするとともに，避難訓練などを通して，災害などの緊急時に適切な行動がとれるようにすること。

第1章 保育内容「健康」とは何か

　これらは，乳幼児の発達の原理，特性に基づき，ここ数年の社会の変化とそれに伴う子どもの姿を加味した視点での具体的な方向性が示されている。住環境の変化や戸外で遊ぶ経験が少なくなった子どもの運動量の減少と運動の質の低下への提言，仲間との関係性構築の未熟さ（共同性または葛藤体験の希薄さ），充実した遊びを展開させる環境構成の工夫，食育の啓蒙と実践，養育者の過干渉や過保護といったことに見られる自立を阻むこと，依存からの脱却の後押しの重要性等，今後保育の中で取り組むべき留意点が明記されている。

　特に，2017年度の幼稚園教育要領他の改訂（改定）においても，今日の子どもを取り巻く環境の中で留意することが掲げられている。ここでは特に筆者が大切だと考える3点について触れておく。
　まず，乳児保育，1歳以上3歳未満児の保育，3歳以上児の保育において，共通して掲げられていることは，「十分に体を動かす気持ちよさを体験し，自ら体を動かそうとする意欲が育つようにする」という視点である。また，3歳以上児の保育においては「多様な動きを経験する中で，体の動きを調整するようにすること」という視点が掲げられていることが重要なポイントであると考える。
　これは，運動する機会が少なくなっている乳幼児の生活と運動の内容，質を検討することを問うていると考える。乳幼児期に様々な運動をすることは，ある種の技能や技術の習得を目的にするものではなく，のちに身に付けるであろう諸技能，諸能力の下支えとなる，心情や意欲，基本的な動きの経験と体力の基礎を培うことを目指すこととして，その重要性を説いていると考える。
　次に，前回の改訂（改訂）の際に，新しく掲げられたものが食生活，食育に関する内容も引き続き重要な視点として拡充されている。食物アレルギー等への対応はもちろんのことであるが，ここでは，食習慣の形成に焦点を当てることとする。乳児保育においては，離乳，離乳食から完了期への指導がその後の食習慣の形成につながることとしてその指導の重要性が掲げられ，また，3つの時期の保育を共通して，「和やかな雰囲気の中で」「食べる喜びや楽しさを味わう」ということが掲げられ，人と会して食べることの重要性も特記されていることは忘れてはならないことである。加えて，「様々な食品に慣れ」「様々な食べ物への興味や関心をもつ」ということも掲げられ，偏食への指導や食文化の広がりを目指した指導の重要性もおさえられている。

「食」は心と体の健康を支える基盤として重要であるが，「食」への指導は，就学前の教育機関・保育施設だけでは完結することができないものである。乳幼児期の「食」は周囲の大人からの影響を大きく受けるため，家庭生活との連続性を視野に入れる必要がある。子育て世代の中には「食」への関心が希薄な層がいるため，保護者や家族全体の「食への意識改善」の支援を含んだ実践が必要になる。また，大人の多忙な生活ゆえに子どもが孤食であったり，一緒にいても和やかな雰囲気の中で食卓を囲む経験がなかったりすることも多いようである。また，何よりも規則的に時間になったからといって与えられる食事ではなく，お腹が空いたという感覚をもち，食事に向かう指導を心がけたいものである。ある程度規則的に刻まれた食事のリズムの形成や食事を通した心の交流，喜びを感じながら食事をする大切さなどを伝える指導が必要になってきている。家庭での「食」のあり方を基盤において，園からの発信，園と家庭との連携においてできることはなにかという視点に立った保育実践を考える必要性があるだろう。

　そして最後に，基本的な生活習慣の形成について触れる。1歳以上3歳未満児の保育，3歳以上児の保育の留意点になるが，「家庭での生活経験に配慮」「家庭との適切な連携の下で」と集団保育の場だけでは形成されることがないことを前提にしながら，子どもが保育者や他の子どもと関わりながら育んでいく集団保育の特性を生かした指導の視点の重要性が掲げられている。子どもが生活習慣を身に付けるためには，ある時期まで大人が手をかけたり，一緒に取り組んだり，見守られたりして，自立への過程には大人の導きが必要である。大人への依存と見守りの中で後押しがあって，子ども自らが自信をもつようになり，次第に習慣が確立し，自立するプロセスがある。「自主性を育む」「自立を促す」という言葉が先行するなかで，子どもの意思に任せる，あるいは過度の干渉による育児をしているゆえに，基本的な生活習慣が身に付かない子どもの姿も少なくない。また，生活習慣は集団保育の場に任せるという保護者も稀にいる。子どもの生活習慣の確立，自立にむけての過程を個々の子どもの保護者の養育観とすり合わせて，確認して支えていくことも大切である。

第1章　保育内容「健康」とは何か

第7節　保育所保育指針における「養護」の視点

　保育所保育の特性は，「養護及び教育を一体的に行うこと」とされている（児童福祉施設の設備及び運営に関する基準　第35条）。3歳未満児の保育，長時間にわたる保育の実際においては，「教育」という側面のみでは子どもの生活と育ちを支えることはできず，「養護」という側面からのアプローチを専門性として位置づけている。この「養護」の内容は，ことに領域「健康」と密接に関わるので，ここで簡単に触れることとする。

　保育所保育における「養護」とは，保育所保育指針の「第2章　保育の内容」にある記載によると，「子どもの生命の保持及び情緒の安定を図るために保育士等が行う援助や関わりであり，「教育」とは，子どもが健やかに成長し，その活動がより豊かに展開されるための発達の援助である。また，保育所保育指針解説の「第1章　総則　2保育所保育に関する基本的事項」では，「養護と保育を一体的に展開するということは，保育士等が子どもを一人の人間として尊重し，その命を守り，情緒の安定を図りつつ，乳幼児期にふさわしい経験が積み重ねられるよう丁寧に援助すること」「（略）子どもの傍らにある保育士が子どもの心を受け止め，応答的なやり取りを重ねながら子どもの育ちを見通し援助することが大切である。」と養護のあり方の基本が述べられている。

　保育所保育において「養護」の側面が大切にされるのは，やはり保育所が「生活の場」であることが第一に挙げられるだろう。また，その生活の場で，多くの愛情を注いでもらい，命を守られ，安定した心で過ごすこと，愛おしい存在として育つことは，子どもの体と心の育ちに直結するものである。そこに関わる保育者の存在，役割は大きなものであり，その専門性を「養護」という援助，関わりの中で明らかにしている。以下，「養護」について具体的に考えることとする。

1 養護における「生命の保持」

「養護」における「生命の保持」のねらいと内容は次のように記載されている（保育所保育指針 第1章2）。

（2）養護に関わるねらい及び内容
ア 生命の保持
（ア）ねらい
① 一人一人の子どもが，快適に生活できるようにする。
② 一人一人の子どもが，健康で安全に過ごせるようにする。
③ 一人一人の子どもの生理的欲求が，十分に満たされるようにする。
④ 一人一人の子どもの健康増進が，積極的に図られるようにする。
（イ）内容
① 一人一人の子どもの平常の健康状態や発育及び発達状態を的確に把握し，異常を感じる場合は，速やかに適切に対応する。
② 家庭との連絡を密にし，嘱託医等との連携を図りながら，子どもの疾病や事故防止に関する認識を深め，保健的で安全な保育環境の維持及び向上に努める。
③ 清潔で安全な環境を整え，適切な援助や応答的な関わりを通して，子どもの生理的欲求を満たしていく。また，家庭と協力しながら，子どもの発達過程等に応じた適切な生活のリズムがつくられていくようにする。
④ 子どもの発達過程等に応じて，適度な運動と休息を取ることができるようにする。また，食事，排泄，衣類の着脱，身の回りを清潔にすることなどについて，子どもが意欲的に生活できるよう適切に援助する。

　子どもの命を守り，安心かつ安全な環境下において保育を営むことは当然の義務であるが，0歳から6歳までの子どもが生活する場であること，長時間にわたり生活をする場であること，また，自分の体や心の状態を言葉にすることがむずかしい子どもが生活をする場であることから，日常の中で当然として行われていることを見つめ直して，関わっていくことが重要である。一人ひとりが安心した環境の中で快適な生活を送れるように，また，生理的欲求が満たされ，健康増進が図られるように関わることは，領域「健康」とも密接に関連することである。家庭生活との連続性の中で子どもの園生活をとらえ，保育を計画し，営む視点を大切にしなくてはならない。

　同時に，子どもの健康を見る眼をもち，専門職との連携の中，適切な判断と専門性をもった関わりができるように，知識と関わり方について研鑽を忘れてはならないだろう。

第1章 保育内容「健康」とは何か

2 養護における「情緒の安定」

「養護」における「情緒の安定」のねらいと内容は次のように記載されている。

イ 情緒の安定
（ア）ねらい
① 一人一人の子どもが，安定感をもって過ごせるようにする。
② 一人一人の子どもが，自分の気持ちを安心して表すことができるようにする。
③ 一人一人の子どもが，周囲から主体として受け止められ，主体として育ち，自分を肯定する気持ちが育まれていくようにする。
④ 一人一人の子どもがくつろいで共に過ごし，心身の疲れが癒されるようにする。
（イ）内容
① 一人一人の子どもの置かれている状態や発達過程などを的確に把握し，子どもの欲求を適切に満たしながら，応答的な触れ合いや言葉がけを行う。
② 一人一人の子どもの気持ちを受容し，共感しながら，子どもとの継続的な信頼関係を築いていく。
③ 保育士等との信頼関係を基盤に，一人一人の子どもが主体的に活動し，自発性や探索意欲などを高めるとともに，自分への自信をもつことができるよう成長の過程を見守り，適切に働きかける。
④ 一人一人の子どもの生活のリズム，発達過程，保育時間などに応じて，活動内容のバランスや調和を図りながら，適切な食事や休息が取れるようにする。

保育者をはじめとする周囲の大人との間で築かれた信頼関係，情緒の安定は，子どもの生活に安心と安全をもたらすだけでなく，自己肯定感を培い，何事にも意欲的に取り組む基盤をつくることにつながる。一人ひとりの生活のリズムを大切にし，生理的な欲求が充足された環境下において，周囲の大人からの受容的，共感的関わりを受けることで，自分らしく，何事にも関心をもって行動できるようになることを念頭におき，心の成長を支えていきたいものである。

① 乳幼児期の子どもの園生活において、体を育てるための指導として気をつけるべきことはどのようなことか。幼稚園教育要領、保育所保育指針の内容に触れながら考えてみよう。
② 基本的な生活リズムや習慣を身に付ける指導を行う際の保育者の役割とはどのようなものがあるか、まとめてみよう。

引用文献

1　世界保健機関「世界保健機関憲章」1946年

参考図書

◎ 厚生労働省「保育所保育指針解説」2018年
◎ 文部科学省「幼稚園教育要領解説」2018年
◎ 内閣府他「幼保連携型認定こども園教育・保育要領解説」2018年
◎ ベネッセ教育総合研究所次世代育成研究室「第4回幼児の生活アンケート・国内調査報告書」2010年
◎ ベネッセ教育総合研究所次世代育成研究室「第2回幼児教育・保育についての基本調査報告書」2012年

乳幼児の体の育ちと運動能力の発達

この章では，乳幼児の発育・発達について，その法則に基づいて考えていく。発育（体の育ち）は身長，体重などの形の変化とし，発達は運動機能（能力），知能など機能の変化とする。この解釈は，教育，特に保健体育の領域でよく使われるものである。ほかの学問分野では異なることがあるが，以下，この解釈を本章での定義とし，発育の方向，発育速度の複雑さ，運動機能の習得過程等について考えていく。

第1節 乳幼児の発育

1 発育の概要

厚生労働省による乳幼児身体発育調査（2010年9月実施）結果のうち，身長，体重，頭囲の全国平均値と月あたりの発育速度を図2-1から図2-6に示した。出生から乳児期にかけての急な発育量の増加と，その後の穏やかな増加の様相が，身長，体重について観察することができる（図2-1から図2-4）。この急な増加は胎児期から続いており，第1発育急進期といわれている。第2発育急進期は男女で時期が違うが，11歳頃から始まる。頭囲については後述するが，出生後に急進傾向が見られ，その後の発育速度は身長，体重と比してかなり抑えられている。

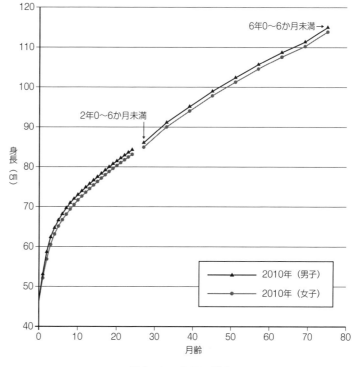

図2-1 身長の発育

第2章 乳幼児の体の育ちと運動能力の発達

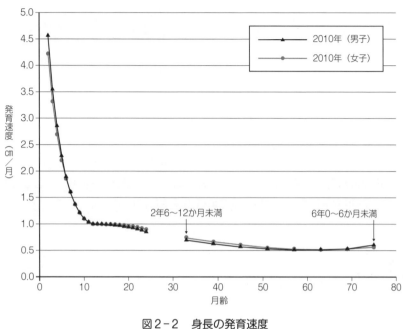

図2-2 身長の発育速度

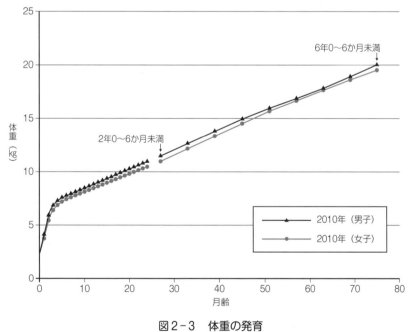

図2-3 体重の発育

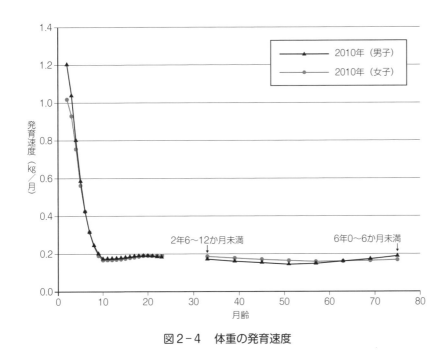

図2-4　体重の発育速度

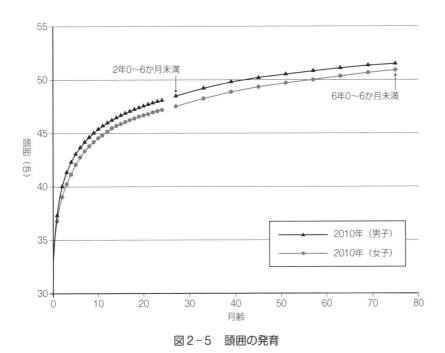

図2-5　頭囲の発育

第2章 乳幼児の体の育ちと運動能力の発達

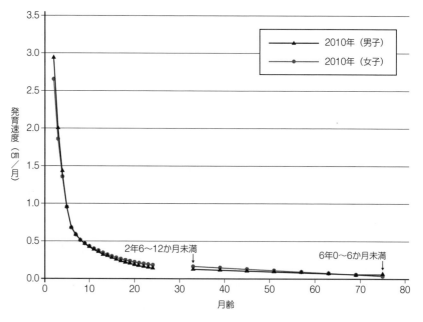

図2-6 頭囲の発育速度
厚生労働省 乳幼児身体発育調査（2010）より作成

　発育の様相をさらに詳しく見るために、身長発育に対する体重、頭囲の発育を相対発育という視点で見てみる。ある生物の発育している二つの測定部分をx, yとすると、その関係は$y=bx^a$という式で表わすことができる（a,bは定数）。このy, xの関係は、対数を用いた等式では$\log y=\log b+a\log x$と示すことができる。つまり、測定値、y, xを対数値にすると一次式になることになり、その値を方眼紙にプロットすれば直線的に結ばれることになる。例えば、yを体重、xを身長とすると、相似に成長している場合、体重は体積に比例すると考え、y（体重）=b（身長）3となる。この等式は、対数を用いると$\log y=\log b+3\log x$となり、傾きa=3, y切片logb（定数）の一次の直線となる。3.0＜aでは体重の増加が身長の伸びより大きい、いわゆる充実期としてとらえることができる。逆の場合は、身長の伸びが優る伸長期となる。頭囲の場合は、長さ同士であるため相似を仮定すると、a=1.0となる。なお、人間の発育期では身体の各部位、組織で発育速度が違うため、この直線は一本であるとは限らない。
　図2-7, 図2-8に、身長に対する体重と頭囲の相対発育を示した（乳幼児身体発育調査（2010年9月実施）結果より）。身長に対する体重の相対発育では、視認的に判断すると2相の直線で表すことができる。出生から

4か月までの充実期と，それ以降の伸長期である。胎児期の中期には身長の伸びが認められ，その後体重の増加する時期が続く。出生後しばらくはこの体重増加の時期を引き継いでいると思われる。頭囲の身長に対

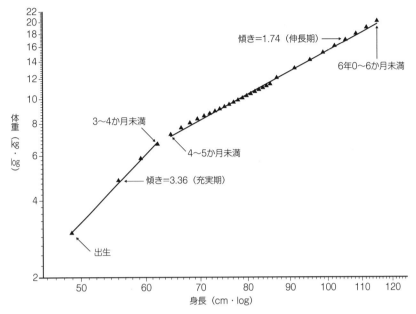

図2-7　身長に対する体重の相対発育（男子）
厚生労働省　乳幼児身体発育調査（2010）より作成

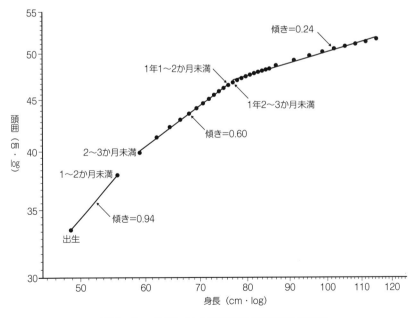

図2-8　身長に対する頭囲の相対発育（男子）
厚生労働省　乳幼児身体発育調査（2010）より作成

第2章 乳幼児の体の育ちと運動能力の発達

する相対発育では、3相の直線が確認できる。2か月頃までは0.97と理論値に近い値であり、身長とほぼ同様のテンポで発育していることが分かる。3か月頃から1年2か月までは0.60と減少し、その後の0.24とかなり低い値を示す時期に続く。頭囲は、幼い段階で完成される部位であることを示している。

2 発育の方向

乳幼児を描くとき、どのような点に注意して描くだろう。全身を描くときは、顎から頭頂までの占める割合を大きくするよう描く場合が多いと思う。これは、人間は図2-9のように加齢に伴い頭身が変化することによる。つまり、身長が全頭高（下顎の最下点から頭頂部の最高点までの距離）の何倍となるかの数値が変化するのである。欧米では出生時は4頭身を示すが、12歳で7頭身、成人で8頭身になるとされる。日本人は成人で7～7.5頭身といわれる。この図でもう一つ注目してほしいことは、全頭高が5歳頃から微々たる発育しかしていない点である。前述の頭囲の発育速度変化と同様である。

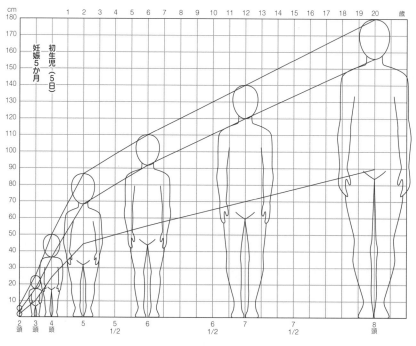

図2-9 身長の増加と均斉
C.H.ストラッツ『子どものからだ』森徳治訳、邦侑社、1966年より筆者加筆

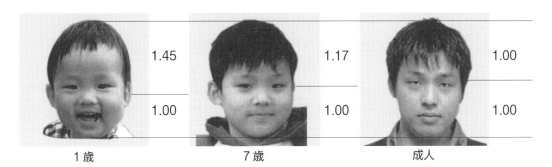

図2-10 発育に伴う顔の変化(開口,頭髪の影響を考慮している)

また,顔を描くのにもコツがいる。図2-10はある男性の1歳頃,7歳頃,25歳頃の顔である。数値は目の位置が全頭高のどこにあるかを示したものである。目から下顎最下点を1.00とすると,目から頭頂部最高点までがいくつになるか示してある。1歳時で1.45,7歳では1.12を示し,成人になると1.00とほぼ顔の中央に目があることになる。つまり乳幼児の顔を描くときには,目の位置を半分より下に描く必要がある。

これは顔の上部が,下部より早く発育することによる現象であり,発育が上から下へと進む一つの方向を示している。ストラッツ,タナーが示した顔の発育についての資料からも確認できる。タナーらの資料の一部を図2-11に示した。

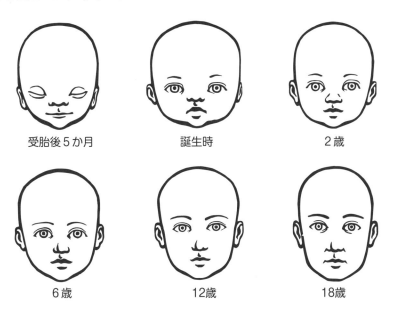

図2-11 顔ができあがるまで

J.M.タナー他,ライフ編集部編「生長の話」『ライフサイエンスライブラリー』八杉龍一訳,タイムライフインターナショナル,1969年より作成

第2章 乳幼児の体の育ちと運動能力の発達

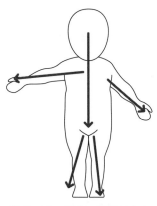

図2-12 発育・発達の方向

もう一つ中心から末梢へと進む方向もあるが、これについては発達の節で紹介する（図2-12）。

発育はこの方向性だけでなく、さらに複雑な過程を経ている。相対発育のところでも紹介したが、身体の各部位、組織で違う速度で発育していくのである。図2-13は出生後の乳児と成人の骨格、内臓を示している。もし同じ比率で大きくなったなら、右のような成人となり、左の成人とは全く違う生物となってしまう。なお、この図に示されている主な内臓は大脳、小腸、肝臓、心臓、胸腺、胃（順不同）である。

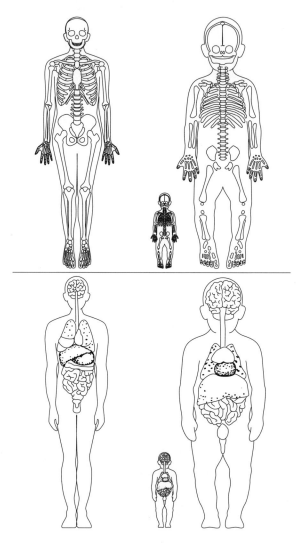

図2-13 人体比例
E.W.Banister 他『身体機能と構造計測マニュアル』垣鍔直他訳，文光堂，1994年より

成人になる過程で，各部位，組織がどのように発育していくのかをスキャモンの発育（成長）曲線が明確に表している（図2-14）。乳幼児期に発育が著しい部位は，脳をはじめとする神経型と胸腺，リンパ節等のリンパ系である。神経型は5歳には成人の80％となる。リンパ系型は11歳前後で成人の約2倍まで大きくなり，その後減少していく。

　身長，体重や消化器系，呼吸器系等（一般型）は，前述のように初期に発育急進期があり，穏やかな発育期に移行する。その後，第2発育急進期があり全体としてはS字の曲線を描く。精巣，卵巣といった生殖型は乳幼児期にほとんど変化しないが，14歳前から急速に発育する。なお，このスキャモンの曲線は形態の変化を示しているものである。たとえば神経系が5歳で80％を示していても，人間としての精神活動の80％ができるというものではない。成人以降も知的発達が認められ，他の部位同様に機能発達を示す曲線ではない。ただし，筋力は筋量に比例するという面もあり，各部位，組織，機能によって判断していく必要もある。

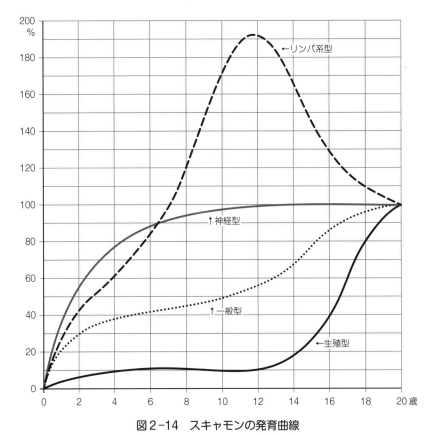

図2-14　スキャモンの発育曲線

R.E.Scammon, *The measurment of the body in childhood*, Univ.Minesota.Press, 1930 より引用，加筆

第2章 乳幼児の体の育ちと運動能力の発達

第2節 乳幼児の運動発達

1 運動発達の順序

　乳児期の運動は，吸啜反射やモロー反射，把握反射といった原始反射に始まるが，生後3か月頃からは原始反射は抑制され，踏み直り反射や立ち直り反射といった姿勢反射が出現し強化される（図2-15）。

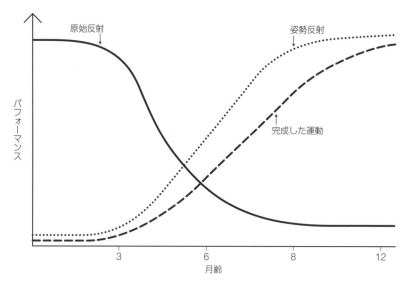

図2-15　乳幼児の運動抑制発達に伴う原始反射の衰弱と姿勢反射の強化
　　　　ロバートM・マリーナ他『事典 発育・成熟・運動』高石昌弘他監訳，
　　　　大修館書店，1995年より引用

　原始反射の抑制順にも，前述した中心から末梢への方向性を見ることができる。図2-16には原始反射の一部が，抑制され消失する月齢を示した。月齢はあくまで目安であり，個人差を考慮する必要がある。また出典によっても若干の差異がある点も配慮する必要がある。今回はいくつかの文献から月齢を調べ，筆者が判断した。体幹部で起こるとされるモロー反射が3か月頃から抑制され始め，前腕（4か月頃）で起こる反射，掌（5か月頃）での反射と順に続いていく。足底でのバビンスキー反射は12か月頃まで残っている。

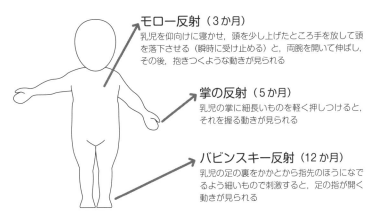

図2-16　原始反射の抑制
小野三嗣『手――大脳をきたえる』玉川大学出版部，1982年から作成

　原始反射の抑制と同様に随意運動の習得にもこの方向性がみられ，上肢（じょうし）の運動発達は下肢（かし）より早く進む。上肢の運動発達は，微細運動行動（腕，手首，指を使う，ものを握る・つまむ・離すといった運動）あるいは適応行動としてとらえられる。下肢の運動は，移動行動とそれに続く歩行運動に深く関わっており，粗大運動行動（胴体〈体幹〉と四肢を使った動きで大きなまとまりのある運動）に含まれる。月齢は前述と同様に判断した。個人差等を考慮する必要もある。
　まず，上肢の運動発達について例を挙げてみる。

　　積み木等を掌全体でつかむ（6か月）→積み木等をもちかえる（7か月）
　　→指先でつかむ（8か月）→親指と人さし指でつかむ（11か月）→ボール
　　を投げる（12か月）→ボールを強く投げる（18か月）

　上肢に比べ下肢ではゆっくり発達が進むようだ。粗大運動行動については以下の例を挙げることができる。

　　首がすわる（3.5か月）→寝返り（6か月）→ひとり座り（7か月）→つかまり立ち（9か月）→つたい歩き（10か月）→あまり転ばない歩行（18か月）→片足立ち（36か月）→片足とび（48か月）

　これらの順は決まったもので，あるステージを飛ばし次のステージへ進むことや，逆行することはない。ただ今回は記してないが，「はいはい」をすることなく次のステージへ進む子どもが増えているようだ。

31

2 分化と統合

　乳幼児の顔を描くとき，もう一つ注意することがある。できるだけ左右対称に描くという点である。乳幼児期には目を片方閉じることが困難な場合がある。これは，顔面の筋肉を左右どちらか片方だけ収縮することができず，他方も収縮してしまうという随伴運動のためである。この運動は顔面以外の部位でも見られる。この現象は加齢に伴い，あるいは運動を学習することにより，左右別々の動きができるようになる。この等質で単純な動きから異質で複雑な動きを獲得していく過程を《分化》という。テレビで子どもが歌う姿を見ると，その振付けは左右対称の動きが多い。かわいらしさをアピールでき，見ている子どもがまねをしやすいという要素があると思われる。ラジオ体操も，前半の体操は左右同じ動きである。単純な動きで体を慣らし，複雑な動きへ導いている。

　この分化という過程と共に，統合という運動機能を発達させる仕組みがある。図2-17に宮丸によるオーバーハンドスローの発達パターンを

図2-17　幼児の投動作の典型的な6つのパターン
宮丸凱史「投げの動作の発達」『体育の科学』35，1980年より

示した。図の Pattern 1 から 6 までどのような動きが加わり，投球動作が発達しているのだろうか。Pattern 1 では手と肘だけを使っているが，Pattern 2 では肩を使い，手，肘を高く上げ頭の上からボールをリリースしている。Pattern 3 になると投球前に，手，肘，肩を後方へ引いている。Pattern 4 は投球側の脚をリリース時に前方に出している。投球側の手，肘，肩，脚を後方に引き，反対側を投げる方向に向けているのが Pattern 5 である。これにワインドアップ動作と，投球側とは反対の脚を上げるという動作を加え，Pattern 6 になる。このように投動作が発達するには，様々な部位の動きが加わり発達していく必要がある。この過程を《統合》といい，投動作以外でも多くの運動発達の場面で見られる。

　図 2-18 は宮丸による疾走フォームの発達段階である。宮丸は疾走動作の評価項目として腕の動作，接地のしかた，離地時のキック脚の動作，

Pattern 1

Pattern 2

Pattern 3

Pattern 4

Pattern 5

図2-18　5つの動作発達段階における典型的な疾走フォーム
宮丸凱史『疾走能力の発達』杏林書院，2001 年より

第2章 乳幼児の体の育ちと運動能力の発達

非支持期前半の空中脚の動作，非支持期後半の空中脚の動作の5つを挙げている。さらにそれぞれについて3つのカテゴリー，計15のカテゴリーを設定し疾走動作の発達をとらえている。キーカテゴリーとして，両腕のスイング動作がない（Pattern 1），Hock Motion（ひっかくような動作）を伴う消極的な両腕のスイング動作がある（Pattern 2），回復期後半の大腿の引き上げにつながる十分な足の蹴り上げがある（Pattern 3），両肘の屈曲が十分に保持された，大きな振幅での両腕のスイング動作がある（Pattern 4），膝が十分に伸展し，水平方向にキックされる（Pattern 5），をそれぞれ挙げている。走るという一見単純な動作でも，多くの動作が統合されて完成していくことが分かる。

最後にHellebrandtらが示した，跳躍動作の発達を紹介する（図2-19）。脚，肘，肩，頭等についてその変化を確認してほしい。

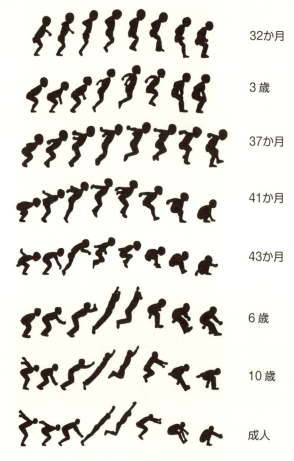

図2-19 跳躍動作の発達
F.A.Hellebrandt, et al., *Physiological analysis of basic motor skills*, 1961 より

ここまで運動機能の発達について述べてきた。これは幼児期には，筋力，持久力よりも，神経系をおもに使う，いわゆる調整力の発達に主眼をおく必要があるからである。速く，長く走るより，スキップや横向き等，様々な動作で走ってみる。また，遠くに，速い球を投げるのではなく，的に正確に当てる等，運動遊びに工夫する必要がある。もちろん前述の投げる，走る，跳ぶ等の正しいフォームを身に付けることは大切である。フォームを身に付けることで，投げる距離，疾走タイム，跳躍距離等の改善・変化を記録し，伝えてやることも必要である。「がんばれ」との励ましもときには大切であるが，できるだけ具体的に視線の向き，肩，腕，脚，足の動きを指摘できる能力も，保育者としては身に付けたい。

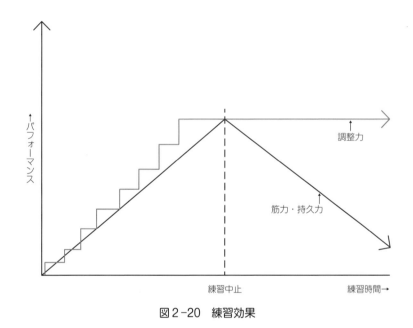

図2-20　練習効果

　調整力は練習を続け，ある水準のパフォーマンスを身に付けると，練習を中止してもその水準は維持できるという特徴もある（図2-20）。自転車乗り，水泳等，苦労して身に付けた運動機能は，何年も練習しなくてもできてしまう。伝承遊びが伝承される仕組みも，これである。子どもの頃に覚えたお手玉やコマ回し等，自分に子どもができるまで手に取ることがなくても，ちょっと練習するとできてしまう。正しい運動フォームを身に付けることは一生の財産となるのである。

第2章 乳幼児の体の育ちと運動能力の発達

3 個人差

　ここでは発育・発達に関する個人差を考えてみたい。集団で保育，教育活動を実施するとき，完全に個人差を考慮した活動は不可能であろう。しかし，常に個人差を意識し，それに配慮した活動は，保護者，子どもの厚い信頼につながる。

　まず男女差についてであるが，前述の図2-1から図2-6で男女の身長，体重，頭囲が比較できる。いずれも男子のほうが高い値を示しているようである。発育速度については，体重で女子の速度が高くなる月齢があるが，多くは同様の傾向にある。運動機能の発達については，2008年に行われた幼児の運動能力全国調査（森司朗，2010）を見ると，男子が高い値を示す傾向がうかがえる。この調査は25m走，立ち幅跳び，ソフトボール投げ，テニスボール投げ，往復走，両足連続跳び越し，体支持持続時間，捕球の6種目を計測している。この種目を，4歳前半から6歳後半まで6つの年齢段階で比較している。男女で統計上有意差がない種目，年齢段階は立ち幅跳び（6歳後半），往復走（4歳前半，5歳前後），両足連続跳び越し（すべての年齢），体支持持続時間（4歳前半，5歳前半），捕球（6歳後半）である。唯一女子が高い値を示した種目は，体支持持続時間の4歳後半であった。ほかは男子が高い値であった。

　次に遺伝的に発生する個人差の一端を見てみたい。二卵性双生児とし

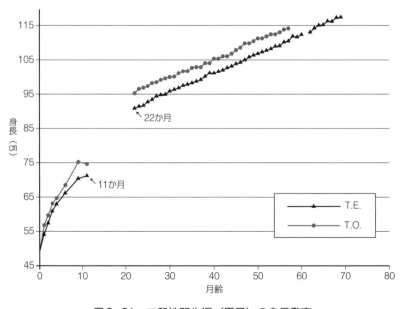

図2-21　二卵性双生児（男子）の身長発育

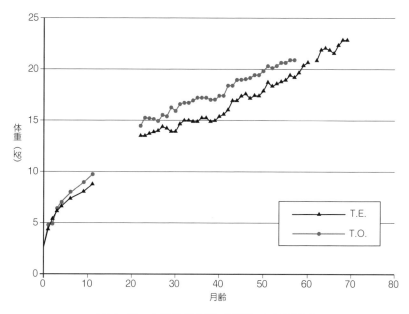

図2-22 二卵性双生児（男子）の体重発育

て生まれた男児2人の身長（図2-21），体重（図2-22）について，出生後の発育を示した。栄養，睡眠は同様の環境で育ち，2人とも保育所で幼児期を過ごした。身長，体重ともT.O.が高い値を示している。体格についての発育への先天的影響を示している。この後，同様の小中学校，高校を経て，成人時にはT.E.の身長は172cm，T.O.は180cmであった。

次ページの表2-1には，前述の二卵性双生児の育児記録より比較できる観察項目をまとめてある。出生時身長から出生時頭囲までは胎児期の発育を比較できる。出生児体重は同じであるが，そのほかは違いがあり，出生時頭囲以外T.O.が高い値を示している。

運動機能発達の面でも違いが見受けられる。寝返り，ハイハイ，つかまり立ち，歩行といったある時期がくればできる動きはT.O.のほうが早く現れている。逆にボール投げ，逆上がりといった後天的な運動活動によって身に付ける運動機能は，T.E.が早く習得している。前述のように栄養，睡眠については同様な環境であったが，運動活動では違いが見られた。保育園でT.O.は絵本を読むことに多くの時間を費やしていたが，T.E.は友達と運動遊びで過ごしていた。この違いが，この時期での運動機能発達に影響したと思われる。T.O.は信号機や乗り物に興味があり，自転車にも熱心に取り組んでいた。これが自転車乗りを早くできるようになった要因であろう。表2-1のボール投げから自転車乗りまでは，後天的な要因によって習得時期が変化するものである。先天的

第2章 乳幼児の体の育ちと運動能力の発達

に身に付けている能力に，後天的要因が複雑に関わっていると思われる。

表2-1 育児記録より

	T.E.	T.O.
出生時身長	49cm	49cm
出生時体重	2.8kg	3.2kg
出生時胸囲	31cm	32cm
出生時頭囲	35cm	34cm
ねがえり	△	○
ハイハイ	△	○
つかまり立ち	△	○
歩行	△	○
ボール投げ	○	△
逆上がり	○	△
自転車乗り	△	○
利き手	左	右

注）○は動作が△より早い

　生月による差異も考慮する必要がある。集団での保育，教育を実施する際，4月生まれと3月生まれでは，1年近くの差がある。1, 2歳児では月齢に配慮するが，年長になると意識しにくい場面もあろう。表2-2は4〜6月生まれと1〜3月生まれの女児を身長，体重，BMI（肥満度）について比較した結果である。図2-23には有意差がすべての年齢で見られた身長について図示した。これはある幼稚園での記録である。体形指数であるBMIでは統計的な有意差はないが，身長，体重では有意差が見られる。加齢に伴い差が縮まることはなく，小学校，中学校まで有意差がある場合もある。図からは，2群間に約1年のずれがあるこ

表2-2 生月による発育値の差異

		N	3歳 平均値	標準偏差	P	4歳 平均値	標準偏差	P	5歳 平均値	標準偏差	P	6歳 平均値	標準偏差	P
身長	1〜3月	12	92.4	3.33	1.392E-05	98.7	3.57	7.938E-05	105.0	3.86	1.807E-04	111.2	4.03	2.912E-04
	4〜6月	25	99.5	4.27	***	106.1	5.15	***	112.5	5.62	***	118.8	5.87	***
体重	1〜3月	12	13.2	1.99	.013	14.6	1.54	.008	15.9	1.63	.016	17.8	2.15	0.0098
	4〜6月	25	15.1	2.14	*	17.0	2.78	**	19.2	4.28	*	21.5	4.41	**
BMI	1〜3月	12	15.3	1.38	.733	15.0	0.87	.778	14.4	0.82	.342	14.4	1.03	.190
	4〜6月	25	15.2	1.21		15.1	1.42		15.0	2.06		15.1	1.79	

*** $p<0.1\%$　　** $p<1\%$　　* $p<5\%$

とが確認できる。運動機能については前述の森司朗らの2008年の全国調査で，各年齢段階前半と後半でも数値が上昇している。身体発育と同様に，個人差を考慮する必要がある。

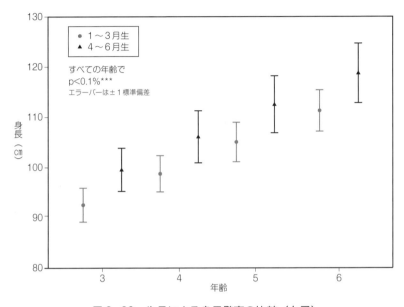

図2-23　生月による身長発育の比較（女子）

第2章 乳幼児の体の育ちと運動能力の発達

① 目の位置に注意し，乳幼児の顔を描き，子どもらしさを確認しよう。
② 図2-13の内臓名を特定しよう。
③ 図2-18の統合されている動作を具体的に書き出そう。
④ 図2-20の調整力のように体が覚えている運動機能を確認しよう。

◎ 上田礼子『生涯人間発達学（改訂第2版増補版）』三輪書店，2012年
◎ 小林登『子ども学』日本評論社，1999年
◎ 高石昌弘他『からだの発達 —— 身体発達学へのアプローチ』大修館書店，1993年
◎ 森司朗他「2008年の全国調査からみた幼児の運動能力」『体育の科学』60，杏林書院，2010年

0・1・2歳児の体の育ちと生活・遊び

　0・1・2歳頃は，生まれてから最も発育・発達のめざましい時期である。特に生まれたばかりの頃は，身近にいる大人（保護者や保育者）との関わりの中で，子どもは大人との信頼関係を築き，愛着を形成していく。この章では，0・1・2歳児の子どもの育ちについて理解するとともに，その時期の子どもにとってよりよい生活とは何かを学び，周囲の大人がどのように関わっていけばよいのか，どのように遊びを展開していけばよいのかを探っていく。
　生まれたばかりのこの時期は，まさしく「生きる力」の基礎をつくる重要な時期でもある。身体感覚を伴う多様な経験を積み重ねることによって，豊かな感性をはぐくみ，好奇心や探究心を十分に満たす生活が送れるように関わりたいものである。子どもの体の発育・発達を支えながら，健康で安全に生活できるための保育者としての関わり方について学んでいこう。

第1節　0歳児の体の育ちと生活・遊び

　0・1・2歳の中でも0歳児は最も発育・発達の著しい時期である。たとえば体重は生後3か月で出生時の約2倍になるし，動きも活発になる。一人では移動もできなかった状態から1歳の誕生日前後には一人で歩けるようになる。最初は話せなかった言葉も，周りの大人とのやりとりの中で初語を話す子どももいる。
　0歳児の時期は，心も体も一生の中で最も急激に発育・発達する時期であり，周りの大人との関係づくりの基礎をつくる時期でもある。また，感性を育てる基礎づくりの時期でもある。急激に進む発育・発達の様子を，少し短い期間に区切っておおまかに理解し，具体的な関わりについても考えてみよう。

1　0〜3か月頃

（1）0〜3か月頃の子どもの様子と関わり

　生まれてすぐの時期は，一日のうちで睡眠をとっている時間が長く，

第3章 0・1・2歳児の体の育ちと生活・遊び

むしろ眠っている時間のほうが起きている時間よりも長い。そして大人のように長時間眠り続けることはなく、個人差はあるが、およそ2～3時間ごとに泣いては起き、おむつを取り替えてもらい、授乳してもらってはまた眠る、といった生活を繰り返していく。

保育者は、子どものそうした生活のリズムに合わせて、子どもが泣き始めたら、その理由を察して、応えていくことが大切である。おなかがすいているのでは、というときには授乳し、おむつを取り替えてほしいのでは、というときにはおむつを取り替える。子どもがどうしてほしいのかを見分けながら、気持ちよく過ごせるように援助していきたい。子どもは満足すると機嫌がよくなり、また眠りにつく。そして、そのようなやりとりを通して、子どもは人との関わりの基礎を培っていくのである。この時期の子どもにとっては、自分の気持ちを満足させてくれる大人との関わりはひじょうに重要である。

ときには、おなかがすいていなくても、おむつがぬれていなくても、大人の関心を引くかのように泣くこともある。このように子どもが関わりのサインを出していたら、十分抱っこして、語りかけながら応えたいものである。子どもは大人との関わりを求めており、大人が子どもの気持ちに応えていくことで、子どもは人と一緒にいることの心地よさを感じるようになっていく。

子どもからの発信は「泣く」ことだけではない。実は生まれたばかりの新生児であっても、少し口角を上げて、笑っているような表情をすることがある。これは《生理的微笑》といい、子どもが「笑おう」という意志をもって笑っているのではなく、生理的に口元がゆるみ、にっこりしているような表情になっているにすぎない（写真3-1）。しかしこの笑顔は、よく「天使の微笑み」と称されるように、周りの大人にとっては、ひじょうにかわいらしく映るものである。身近にいる大人は、この「天使の微笑み」に心癒され、思わず「笑った、笑った」と子どもに笑いかけたり、話しかけたりするが、そうしたやりとりを通して、やがて子どものほうも人に対して微笑みかけるようになっていく。

生後2か月を過ぎる頃からは、明らかに人に対して笑うようになる。これを《社会的微笑》という（写真3-2）。生理的微笑を浮かべているときは、人に向けて微笑んでいるとは限らないのに対し、この頃から見られる社会的微笑は、明らかに人の目を見つめて表情豊かに笑うのである。こうした微笑みは、まだ生理的微笑しかできなかった子どもに対して、周りの大人が微笑みかけたり、話しかけたりすることで、子どもが

徐々に「人に対して笑う」ことを学んでいくのだといわれている。このようなやりとりは，子どもが周りの大人との関係性を築いていく上で重要な役割を担っている。

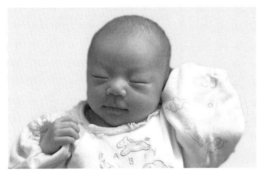 

　　写真3-1　0か月　生理的微笑　　　　　　　写真3-2　3か月　社会的微笑

　また，そのようなやりとりをしていると，明らかに泣き声とは違う「ウー」「アー」といった発声が見られることがある。これを《クーイング》という。クーイングは言葉の始まりともいわれているように，子どもが「ウー」「アー」といった発声をしているときには，周りの大人もそれに応えてあげるとよい。子どもが発しているクーイングが意味することをくみ取って，「○○ちゃん。そうなの？　△△なのね」等と言葉で返して応じるのもいい。この時期の子どもは，まだ言葉を発せない代わりに，体全体で自分の気持ちを発信しているのである。そして，それを感じて応えてくれる大人に対して，強い信頼関係を築いていくのである。子どもと大人の様子は，あたかも会話をしているように見えるが，このようなやりとりは，人との関係を築いていくだけでなく，言葉を理解する上でも重要な礎となっていく。

　授乳の際も，ときおり飲むのをやめて休憩する子どももいる。そうすると，大人も「どうしたのだろう」と思い，「○○ちゃん，おなかいっぱいかな？」等と子どもに話しかける。すると，子どもはその様子を感じ取ったかのように，再び飲み始めたりする。このように，子どもは大人からの語りかけを引き出し，自分とは違う人の存在を意識し，大人とのやりとりの楽しさを感じるようになっていく。

（2）0～3か月頃の生活の援助
● 抱っこ
　生まれたばかりの子どもは，首がすわっていないため，抱っこすると

第3章 0・1・2歳児の体の育ちと生活・遊び

きは，首をしっかり支える横抱きにする。ベッドから抱き上げるときも，首を両手で支え，片方の肘の内側に首をしっかり乗せてから，お尻を抱き上げる。おろすときは反対にお尻から先におろすようにする。お尻をベッドにおろしたら，その手を首のうしろに回して，必ず首と肩を支えてからそっとおろす。微笑み，語りかけながら抱っこすることが大切である。

● 授　乳

　この時期の栄養は乳汁である。母乳が推奨されているが，足りない場合には育児用ミルクを併用する。また，何らかの理由で母乳がまったく出ない場合や，感染症予防等のために母乳を飲ませることができない場合は，育児用ミルクのみで育てる。

　保育者が授乳を行う際には，基本的には育児用ミルクを用いるが，母親の意向や母乳の出具合等も考慮しながら，場合によっては冷凍母乳で対応することもある。

　授乳させる場合は，空気が入らないように哺乳瓶を立てぎみにして与える。子どもの目を見つめながら，ゆったりとした気分で与えたいものである。飲み終えたら，保育者の肩にガーゼを置き，子どもを肩にもたれかかるように抱きかかえ，背中をさすって排気（げっぷ）を促す。もし排気が思うようにできなかった場合は，ベッドに寝かせるときに吐乳（飲んだ乳汁を吐くこと）や溢乳（いつにゅう）（飲んだ乳汁が口から流れでてくること）がないかどうかを確認することが大切である。

　ミルクアレルギーのある子どもには，加水分解乳，アミノ酸混合乳等，特殊用途粉乳と呼ばれる粉乳を用いることがある。保護者や主治医と相談の上，使用する粉乳や哺乳量を決めていくことが望ましい。

● 排　泄

　この時期は最も排泄回数が多い時期でもある。おむつがぬれているときは，なるべく早く気付いて取り替える。おむつ替えをするときも，「おむつを替えようね」等と，話しかけながら行いたい。そして，きれいになったことを共に喜び，「気持ちよくなったね」と，清潔であることの心地よさを感じさせてあげたいものである。また，遊びの一つとして，おむつ替えの際に太もも等をさすったりするのもよい。おむつ替えのときも，スキンシップを楽しむチャンスの一つである。

● 清　潔

　この時期は，新陳代謝も盛んであり，よく汗もかく。皮膚もとてもデリケートなので，あせもができたり，おむつかぶれを起こしたりしやすい。汗をかいたら，さっとシャワーをするとよい。なお体調がすぐれないときは清拭（体を蒸しタオル等で拭くこと）を行う等して，汗が体に残らないようにしたい。

（3）0～3か月頃の遊びと保育

　眠りと目覚めを繰り返している時期であり，泣くと共に目覚めることも多い。子どもが泣きだしたときには，何をしてほしがっているかをよく察知し，子どもの欲求に応えていくことが大切である。大人との信頼関係を築く第一歩を歩んでいる時期であるため，園生活においては，担当保育者は心を通わせながら，語りかけたり，やさしく見つめたりして，楽しく触れ合っていきたい。

　子どもが起きていてごきげんなときには，ぜひ子どものまなざしを追ってみよう。子どもが何に興味をもっているかが分かる。ベビーベッドの上につるしてあるモビールをじいっと見ているかもしれないし，音の出るおもちゃから聞こえる音楽を，耳を澄まして聴いているかもしれない。ガラガラも大好きなおもちゃの一つである。音の鳴るほうに顔を向けたり，ガラガラのあるほうに目を向けたりといった反応をするので，一緒に楽しむとよい。

　またクーイングを発しているときには，ぜひそれに応えていきたい。「○○ちゃん，なあに？」等と話しかけると，それに応じて，さらにクーイングを発するようになる。

　歌やリズムも楽しむことができる時期になっているので，わらべ歌や手遊び歌を歌いながら，手や足をさすったり，顔や頭をなでる等，スキンシップを図るのもよい。

　なお，この時期の安全への配慮としては，窒息予防が挙げられる。0歳児の不慮の事故の死因の第1位は不慮の窒息である。特にこの3か月頃までは，まだ寝返りができず，自分で顔の周りのものを動かすこともできないため，枕元にぬいぐるみやタオル等を置かないようにする。また呼吸の確認は，チェックシートを用いてこまめに行うことが望まれる。

第3章 0・1・2歳児の体の育ちと生活・遊び

2 3〜6か月頃

(1) 3〜6か月頃の子どもの様子と関わり

　子どもは，およそ3か月には体重が出生時の2倍となり，体つきも少しずつしっかりしてくる。そして4〜5か月頃には，9割以上の乳児は首がすわる（写真3-3，4）。首がしっかりしてくると，これまでの横抱きから，たて抱きができるようになってくる。それだけでも子どもの視野は広がり，様々なものに興味を示すようになる。

写真3-3　4か月　首すわり①
うつぶせにしても首をしっかり
起こせるようになってきている

写真3-4　4か月　首すわり②
あおむけにして大人が引き起こして
くると，首がしっかりついてくる

　視力や聴力も発達してくる。寝ている子どものそばでおもちゃ等を顔の近くにもってきて右へ左へと動かしてみると，その動きを追って，顔を右から左へ，左から右へと動かしながら，目で追うこと（いわゆる「追視」）もできるようになる。また話しかけると，話しかけられたほうに顔を向けることもできるようになる。4か月頃には，ガラガラ等を目の前にもっていくと，手を伸ばすようになり，大人がガラガラをもたせると，少しの間それを握っていられるようになる。

　手足等の動きもますます活発になってくる。これまでは寝ている場所から移動するには，抱っこしてもらうしかなかったが，手足の活動が活発になるにしたがい，やがて寝返りができるようになる。

　最初のうちは，寝返りしようと，体をねじって片方の脚をもう一方の脚の向こう側にもっていこうとするが，体をひねってみても，思い通りに寝返りすることができず，体は元の位置に戻ってしまう。やっと寝返りできたかと思っても，体の下敷きになっている片方の腕を上手に抜くことができずに，また元の位置に戻ってしまうこともある。しかし，こ

46

のような挑戦を何度も繰り返しているうちに，やがて何かの拍子にくるっと上手に寝返りができるようになる。この時期の子どもにとっては，寝返りをするのも一大事であり，できたときには保育者も共に喜び合いたい。

　また，このように自分で寝返りができる頃には，うつぶせにしても，しっかりと背中を立てて顔を上げておくことができるようになる。5～6か月頃になると，うつぶせをした状態で後ろのほうから呼びかけると，振り向くことができるようになる。そして腹ばいで床についているおなかを中心にして，体の向きを変えることができるようになる。おなかを中心にして，ずっと振り返り続けて，360度回って元の位置に戻ってくることもある。

写真3-5　6か月
寝返りも自由にできるようになり，おもちゃも手にもてるようになってくる

　このように，この時期になると，寝返りをしたり，おなかを床につけながら方向転換を行ったりして，自分のすぐ近くにあるおもちゃ等に興味が向くと，なんとかそれを手にしようとするようになる（写真3-5）。まだ体を前進させたり後進させたりといった移動はできないまでも，少しずつ自分の体を自分の思う方向へと動かすことができるようになり，どんどん好奇心をふくらませていく。

（2）3～6か月頃の生活の援助
● 睡　眠

　3～4か月頃になると，かなり睡眠が安定してくる。それまで昼夜を問わず「寝る」「起きる」を繰り返していたのが，徐々に夜は長めに眠れるようになってくる。そして，朝目覚める時間と夜眠る時間もだいたい一定してくる。園生活では，昼間の時間帯にも眠ることになるが，夜の睡眠とは違うため，部屋を真っ暗にする必要はない。昼間は昼間であるということが分かったほうが，体内のリズムを形成する上では望ましい。昼間の眠りは多少の生活音があっても構わないが，午前の睡眠が必要のない月齢の高い子どもたちと同じ部屋で過ごす場合等は，落ち着いて眠れるようにベッドを置く位置等に配慮する。

　子どもが安心して眠れるよう，その子どもに合った寝かしつけ方をなるべく早く見つけ出せるとよい。たとえば，抱っこされながら眠りたがる子どもは，保育者がベッドにおろした途端に気付いて起きてしまうこ

第3章 0・1・2歳児の体の育ちと生活・遊び

ともあるが、そのような場合は、保育者の体のぬくもりが消えないように、ベッドにしっかりおろすまで、体をなるべく子どもから離さないように気をつけながらおろす等、その子どもに合わせた対応をするとよい。

なお、睡眠中はできるだけ5分おきに、顔色、呼吸、吐乳や溢乳の有無等を一人ひとり確認し、チェックシートを用いてチェックする。特に6か月頃までは乳幼児突然死症候群（SIDS）の好発時期でもあるため、うつぶせ寝にしないようにする。そのほか、室温は適温（夏場は25度前後、冬場は20度前後）か、顔に布団やタオルケットがかかっていないか等も同時にチェックするとよい。

● 抱っこ

この時期には首がすわってくるので、たて抱きをすることができるようになる。しかし、まだ腰はすわっていない時期なので、子どもの腰や背中をしっかり支えて抱く。たて抱きにすると、今までと違う景色が見えるようになるため、窓の外の景色を見せたり、ほかの子どもの遊ぶ様子を見せたりしてもよい。

● 授乳と離乳食

この時期の子どもは哺乳にも慣れてきて、上手に飲めるようになってくる。子どもが安心して飲めるように、ゆったりとした気分で与える。

離乳食は、5～6か月頃を目安に開始する。首がすわり、支えれば座っていられること、食べ物に興味を示していること、スプーンを口に入れても舌で押し出すこと（哺乳反射）が少なくなっていること等が、離乳開始の目安となる。最初は1日1回1さじずつから始める。アレルギー性の低い穀類から始めることが多く、一般的にはつぶしがゆから始める。離乳食を与えた後は、子どもが満足するまで乳汁を与える。この時期の離乳食は、飲み込むことに慣れたり、乳汁以外の味や舌ざわりに慣れたりすることがおもな目的となる。穀類に慣れてきたら、徐々にすりつぶした野菜等を試していく。さらに慣れてきたら、豆腐や白身魚等のタンパク質も試していく。また素材の味に親しむため、この時期には調味料を使う必要はない。

離乳食は、子どもが慣れている保育者が与えることが望ましい。初めての味に慣れない子どももいるが、無理なく、楽しく食事が進められるよう心がけたいものである。保育者は「おいしいね」と笑顔で食べさせることを心がけ、子どもが安心して離乳食を進めていけるように援助し

ていきたい。食べるのを嫌がるときには，無理やり食べさせるのではなく，話しかけたりして気分を変えてみることも大切である。

● 排　泄

　排泄物が出ているときには，早めに気付き，すぐにおむつを取り替える。その際，ただ取り替えるのではなく，「きれいにしようね。気持ち悪いから取り替えようね」と声かけし，取り替えた後は「さっぱりして気持ちいいね」等と伝えることで，『清潔にすることは気持ちいい』ということを感じられるようにしていきたい。

　おむつを当てるときには，股関節脱臼を起こさないように，足を強く引っ張りすぎないよう注意し，子どもの足の裏をつけるようにして，片手で両足をおなかのほうに軽く押して，腰を上げるようにしておむつを当てるようにする。場合によっては，お尻の下に手を当てて腰を持ち上げるようにする等，子どもの身体に負担がかからないように気をつけたい。

　布おむつであっても，紙おむつであっても，汚れていたらすぐに取り替えたいものである。紙おむつの場合は，排泄物を吸収するとおむつの内部で排泄物がゼリー状になるため，慣れてくると衣服の上からおむつを触った感触で，排泄したかどうかが分かるようになる。また，においでも排泄したかどうかが分かるようになる。早めに気付いて取り替えることが大切である。この時期の子どもは動きが多くなるときでもあるので，高い位置でのおむつ替え台等を使用するときには，転落事故にならないよう事前に着替えや清拭の準備をしてから，子どもを横たわらせ，必ず目を離すことがないように気をつけたい。

　なお，離乳食が始まるまでは便はやわらかいため，排便後は早く取り替えないとかぶれの原因になりやすい。便のときには，なるべくお湯で洗い流すようにするとよい。洗い流すことができない場合は，蒸しタオル等で汚れが残らないようにやさしくふき取ることが大切である。特に月齢の低いこの時期は肌がたいへんデリケートなので，市販のおしりふきを使う場合は肌に合うものを用意し，必要以上にこすりすぎないようにする。排泄物をきれいにし，きれいになったことを一緒に喜んでくれる保育者の存在は，この時期大変重要である。

　また，排泄は小さな子どもであってもプライベートな行為であるという認識をもち，集団保育の中であっても，配慮して保育室の一角で見えないように行ったり，ついたてを立てて行う等，おむつ替えをする場所

第3章 0・1・2歳児の体の育ちと生活・遊び

を考えることも必要である。

（3）3〜6か月頃の遊びと保育

首がすわると，たて抱きができるようになるので，ときにはたて抱きにして少し遠くの景色を共に見たり，少し月齢・年齢の高い子どもが遊んでいる様子を共に見たりするのもよい。自分より少し月齢・年齢の高い子どもの遊ぶ様子を見ることで，自分も同じように活動してみたいという気持ちをもつようになる。

室内では，寝かせている間も，周りにあるものの動きを目で追ったりすることができるようになるので，おもちゃを右から左へ，左から右へと大人が動かすと，それを見つめて喜ぶ。また4か月頃からは，ガラガラ等をもたせると，少しの間それを握っていることもできるようになるので，おもちゃ等を手にする経験があるとよい。なお，この頃からは何でもなめて確認するようになるので，おもちゃは子どもがなめても安全な素材のものを使用するようにするとともに，必要に応じた消毒等の衛生管理に気をつけなくてはならないだろう。

首がすわったら，子どもの脇の下に両手を入れて，座っている保育者のひざの上に立たせるようにすると，喜んでジャンプするような動きが見られるようになる。歌やリズムに合わせて，屈伸するような動きを含め，ぴょんぴょんと蹴り上げるような動きも楽しめるとよい。

腹ばいができるようになったら，関心のあるおもちゃ等を手の届きそうなところに置いてみるのもよい。それに向かって手を伸ばそうとしたり，前に進もうとしたりする等，探索意欲を高めていくことにつながる。

また，少しずつ外気浴をすることも可能になる。外気浴には，保育室の中では味わえない，様々な魅力がある。外の空気に触れることで開放感を味わうと共に，外の世界へと興味を広げていくことにもつながる。子どもの心の健康を考える上でも，外気浴はほどよく行いたい。

初めて外に出すときには，時間を短めにして様子を見るとよい。慣れてくれば，1〜3時間くらい戸外で過ごしても大丈夫になる。ただし紫外線が直接当たるのを防ぐために，帽子は着用したほうがよい。

この時期，子どもが示す欲求に応えてくれる保育者との間には，基本的な信頼関係が芽生え，自分の身近にいる大切な人として情緒的な絆が形成されていく。自宅では養育者（おもに母親）との間で，また園生活においては，特定の保育者との間で情緒的な絆を形成し，愛着関係へと発展させていくことが大切である。

3 6～12か月頃

（1） 6～12か月頃の子どもの様子と関わり

　6か月頃には，自分の欲求に応えてくれる身近な大人の顔と，初めて会う人の顔との違いが分かるようになってくる。そして身近な特定の大人とのやりとりをよりいっそう楽しむようになる。逆に，初めて会う人に対しては人見知りをして，抱っこされるのを嫌がったり，泣いたりするようになる。人見知りは，いつも自分の身近にいる特定の大人と，そうではない人との見分けができたことの証でもあり，その発達ぶりを喜ばしいことであるととらえるとよいだろう。

　8～9か月頃になると，子どもは大人が指をさして注意を向けた先を，大人と同じように見つめ，そちらに注意を向けることができるようになっていく。たとえば，遠くにいる犬を大人が指さしながら「ワンワンよ」と言うと，子どもは自分から遠く離れた，指の先のほうにいる犬に注意を向けられるようになっていく。これは《共同注意》の一つであるが，これによって子どもは相手の意図を読み取ったり，言葉の意味を理解できるようになっていく。さらには，身近な大人の表情をうかがい，自分はどう行動すべきか，知らない人に対して，自分はどうふるまうべきか，ということを調整するようになる。これを《社会的参照》という。子どもは，身近な大人の表情をうまく読み取って，自分の行動を決めているのである。保育者に対しても，「これをやってもいい？」というように目で合図していることがある。そのようなときには，「いいよ」という合図を返すことで，子どもは安心して行動できるのである。ぜひ安心して遊べる環境をつくりたいものである。

　この時期には，運動面でも著しく発達をする。6か月頃には寝返りも自由にできるようになり，うつぶせのままおなかを中心にして方向転換もできるようになる。やがて，その状態から，はいはいをして前に進もうとするようになる。最初のうちは，足の親指を立て，床にひっかけて前に進もうとしても，なかなか思うように進めないが，やがてコツをつかんで少しずつ前に進めるようになっていく。初めは，おなかを床につけたままのずりばいだが，次第におなかを浮かせたはいはいである四つばいができるようになる。足腰をしっかりさせるためにも，こうしたはいはいは大切で，その動きを十分経験できるよう援助するとよい。

　はいはいができるようになると，移動範囲は急激に広がる。それに伴い子どもの視界はさらに広がり，生活空間の場を広げていく。そして特

第3章 0・1・2歳児の体の育ちと生活・遊び

定の大人との信頼関係をさらに強めて，そこから探索活動を行うようになってくる。ある特定の大人が近くにいることが確認できると，安心して自分の好奇心を満たすべく，自ら様々な活動をし始めるのである。

またこの時期は，指先等の微細運動も著しく発達する。6～7か月頃には自分で物をつかむことも徐々にできるようになり，自分の手の中に入る程度の大きさで，小さすぎないものであれば，親指と手のひらを上手に使ってつかむこともできるようになる。何でもなめて確認する時期でもあるため，子どもの周囲には，あらかじめなめても大丈夫な素材と大きさのものだけにしておくとよい。

7～9か月頃になると，おすわりもできるようになる。ただ，おすわりが安定しないうちは，しばらくすると後ろに倒れてしまうこともある。倒れても危なくないように，周りにクッション等を置いておくとよい。保育者はなるべく近くにいて，倒れそうになったら，すぐに手をさしのべられるようにしておく。やがて安定したおすわりができるようになると，はいはいして移動した後，自分の好きな場所でおすわりをしたり，片手に好きなおもちゃをもった状態でおすわりをしたりすることができるようになる。

9～10か月頃になると，はいはいがとても上手になり，何かほしいものがあると，それに向かって勢いよくはいはいで進むことができるようになる。

そして，はいはいした先に何かつかまれるようなものがあると，それに体重をかけながらつかまり立ちをするようになる。最初はつかまっても立ちあがることはできず，ひざをついたままだが，やがてつかまりながら足の裏を床につけて立てるようになる。つかまり立ちをし始めたばかりの子どもは，つかまり立ちはできても，自分でその後姿勢を変えることができず，足が疲れて泣き出すこともある。そのような場合は，早めに察知して抱き上げてあげるとよい。

1歳近くになると，つかまり立ちからつたい歩きをするようになり，中には歩ける

写真3-6 7か月
おすわりしながらうちわをもつ

写真3-7 10か月
はいはいで自由にどこにでも進んでいく

ようになる子どももいる。好奇心旺盛で，行動範囲もますます広がるため，安全に注意しながら，存分に探究心を育てていきたい。

　なお，1歳に近づくと，小さな豆粒くらいの大きさのものまで，親指と人差し指で上手につまめるようになってくる。よって，この時期はおもちゃの大きさに配慮するとともに，保育室に小さな文房具等を置き忘れたりしないように気をつける必要がある。誤飲事故には十分注意しなければならない。

（2）6〜12か月頃の生活の援助
● 睡　眠
　この時期は，夜間に比べて昼間の睡眠は徐々に減少し，8か月頃には，昼間の睡眠はだいたい午前と午後各1回となる。子どもそれぞれの「寝ぐせ」を理解し，園で安心して睡眠がとれるよう援助する。背中をトントンしてもらいながら眠る子ども，保育者の手を握りながら眠る子ども等，それぞれの子どもに合った眠り方がある。

　この時期には，夜泣きも見られるようになることが多い。保護者から夜泣きの報告があったときには，日中の過ごし方にも注意する。外気浴等も含めて，昼間は活動的に遊ぶようにし，入眠直前時に過度の興奮は避けるよう心がけることが大切である。

● 離乳食
　最初は1回食から始めた離乳食も，1か月ほど続けて慣れてきたら，7〜8か月頃には2回食へと進めていく。調理形態は舌でつぶせる固さが望ましい。いろいろな味や舌ざわりを楽しめるように，少しずつ食品の種類を増やしていくとよい。なお，この時期は極力薄味にしたほうがよい。

　アレルギーの心配な食材は，まずは自宅で試してもらってから使用するようにする。この時期は，まだアレルギーの確定診断が出ていない子どもも多いため，保護者自身も，子どもの皮膚の赤みや継続する下痢等の原因が分からないことが多い。そのような症状が現れた場合は，アレルギーに詳しい小児科医の受診を勧めたりしながら，保護者と常に連携をとり，徐々に離乳を進めていく。

　2回食の間も，それぞれの離乳食の後には授乳する。まだ食事だけでは必要な栄養を補いきれないため，乳汁を与えることは大切である。また，離乳食とは別に1日に3回程度授乳させるため，園での食事と授乳，

第3章 0・1・2歳児の体の育ちと生活・遊び

　自宅での食事と授乳について，どのような間隔で進めていくかを保護者とよく相談し，その子どもに合った進め方になるようにする。
　9か月頃からは離乳食を3回食とし，歯ぐきでつぶせる程度の固さのものを与える。鉄が不足しやすくなるので，赤身の魚や肉，レバーを取り入れるとよい。園で食材としてよく使用するものをあらかじめ保護者に伝え，自宅でまず食べてみてもらい，特に変わった症状が出ないことを確認してから園でも食べるようにするとよい。
　様子を見ながら少しずつ離乳食の量を増やしていくが，離乳食後には授乳もする。また，離乳食とは別に乳汁を1日2回程度与えるため，そのタイミングは保護者とよく相談するとよい。
　離乳食をよく食べる子ども，食の細い子ども，いろいろな個性があるため，保護者と密に連絡をとり合い，見守りながら楽しく離乳食を進めていきたい。

● 排　泄

　離乳食が開始されると，これまでやわらかかった便も徐々に固くしっかりしてくる。また一日の流れの中で，食事や授乳の間隔が定まってくるので，食事や授乳の前後，遊びや睡眠の前後を目安におむつ交換をしていくとよい。
　この時期になると，寝返りやはいはい等，自由に体を動かすことができるようになってくるため，おむつ交換がスムーズにいかないこともある。あおむけにしておむつ交換しようとすると，すぐにくるっと寝返りをしてしまうようなときには，お気に入りのおもちゃを手にもたせたりして，上手に気をそらすと交換しやすい。つかまり立ちができるようになる頃には，立ったままでも交換しやすいパンツ型のおむつを使用するという手もある。いずれにしても，おむつ交換の際には声かけをして，きれいになることの気持ちよさを一緒に味わうようにしたい。
　なお，おむつ交換後，保育者は必ず手洗いを忘れないようにする。

(3) 6〜12か月頃の遊びと保育

　この時期に入園してきた子どもは，担当保育者に対しても最初は人見知りをするかもしれない。その場合は，無理をせず，少しずつ距離を縮めていくようにするとよい。その子どもが泣いて要求していることに応え，やさしく語りかけたり，歌いかけたりしながら，一緒に笑顔をつくり，楽しんでいくうちに，やがて子どもとの信頼関係ができていく。

「いないいないばあ」も大好きな遊びの一つである。保育者が「いないいないばあ」をすると子どもも喜ぶ。やがて，保育者をまねして，自分もハンカチ等で顔をかくして「ば」と言いながら顔を出すといったしぐさをするようになる。物かげに隠れて「ばあ」と出てくる等，「いないいないばあ」のバリエーションを増やして，楽しんでもよい。また手遊びやわらべ歌も大好きなので，歌いながらスキンシップを楽しむとよい。手遊びやわらべ歌には，歌いながら手をつないだり，くすぐったり，お互いの肌のぬくもりを感じ合える遊びがたくさんある。このような経験を通して，保育者と遊ぶ楽しさや心地よさを感じ取り，保育者に対する安心感を培っていく。「いっぽんばしこちょこちょ」等，最後にくすぐられるような歌を何回も楽しんでいると，「かいだんのぼって〜」と聞いただけで，次にくすぐられることが予測できるようになり，本当にそのとおりにくすぐられると，「やっぱりきた！」とばかりにとても喜ぶ。子どもはいろいろな感覚でさわられるのが大好きなので，こうした手遊び歌等を上手に使っていきたいものである。

この時期，視覚・聴覚・嗅覚・味覚・皮膚感覚といった五感をはぐくむことを大切にしたい。音楽を楽しんだり，壁面の装飾に気づかったり，木のぬくもりが感じられるおもちゃを与えたり……と，子どもにとってよい刺激となる保育空間をつくることを心がける。また，子どもの探索欲求を満たすような環境を整備するとともに，保育者との信頼関係が確固としたものになるよう，子どもと存分に遊び，楽しく過ごせるように援助することが重要である。

運動面においては，自由に十分はい回ることのできる環境を用意することが大事である。子どもがはいはいしても大丈夫なように，危ないものは近くに置かないようにする必要がある。また，ほどなくつかまり立ちもできるようになるため，不安定な台等を置かないように気を配ることも重要である。窓の近くによじ登れる台等を置くと，それを登って窓から転落する恐れもあるため，保育環境には十分注意する必要がある。

また何かを引っぱったり，穴に物を入れたりして遊ぶのも大好きである。子どもの探索欲求を十分満たすようなおもちゃを揃え，遊ぶ環境をつくるとよい。

子どもがやってみたい気持ちが満足できるように，手作りおもちゃで工夫するという方法もある。たとえば，箱ティッシュを楽しく全部出してしまうのが好きな子どもには，箱ティッシュを子どもの手の届くところに置かない代わりに，一工夫した手作りおもちゃを与えるという方法

第3章 0・1・2歳児の体の育ちと生活・遊び

もある。子どもの気持ちを満足させつつ、ティッシュを無駄にしないように、あらかじめ箱の中にハンカチや布等をたくさん入れておき、それを引き出して楽しめるようなおもちゃを作っておくのもよいだろう。保育者は、子どもの「やりたい」気持ちをくみ取りながら、それを満足させるために、どのように働きかければよいかを常に感じ取り、工夫して接していきたいものである。

また、この時期は、絵本を読み聞かせるとじっと聞いているものである。色がカラフルで、食べ物の絵が描かれている絵本が好まれる傾向にある。保育者は食べるまねをしたり、食べさせるまねをしたりしながら楽しんでもよい。ただし、この時期の子どもに絵本を与えると、それは「読む」対象というよりは「遊び」の対象の一つになることが多く、なめたり、放り投げてしまったりといったことも起こりやすい。誤って絵本の紙の端を食べてしまったりしないように十分注意する必要がある。

この時期は何でもなめて確かめる時期でもあるので、おもちゃはなめても大丈夫な素材のものを選び、誤飲の心配のない大きさのものを与えるよう配慮する。なお、おもちゃは定期的に洗ったり、アルコールで消毒したりする等、清潔を保ち、衛生管理を心がけるようにする。

また、紙を破くということも子どもにとっては楽しい遊びとなる。大切なものを破いてしまうと、それは叱るべき出来事になるが、読み終えた新聞紙や必要のない広告用紙であれば、存分に破いて楽しませたいものである。子どもが興味をもったことをよく観察し、子どもが発見した遊びの中で、どのようなことをしたいのかをくみ取り、できるだけその子どもの気持ちが満足するよう、遊びの環境を構成することが大切である。

1歳に近づいてくると、保育者の遊びをまねして、自分が主体となって同じような動作をして遊ぶようになってくる。たとえば、保育者が手の中に入るような小さなおもちゃや木の実を片手に握り、何回か右手と左手に移し替え、「どっちだ？」と聞くと、それをじっと見つめていた子どもは、おもちゃの入っているほうの手を指さしたりする。そして今度は、自分も小さなおもちゃをもって、それを左右に持ち替えるようなしぐさをして、まるで「どっちだ？」と言っているかのように「だ」と言って保育者に問いかけるようなことをする。保育者が自分に向けて発した遊びを、自分が主体となってやってみることができるようになってくるのである。こうしたやりとりができるようになるのも、常に自分と楽しく関わってくれる大人の存在があるからなのである。存分にやりとりを楽しみたい。

また，もちやすい大きさや素材のボールを用いて遊ぶのもよい。子どもが転がしてきたら，それを受け取って，声かけしながらこちらも転がして返す等，やりとりを楽しむこともできるようになる。
　外気浴の時間も徐々に増やしていきたい。歩行が自立していない時期でも，園庭でベビーカーに乗って外気浴をすることはできる。風の心地よさからそのまま眠ってしまうこともあるし，自分より年上の子どもたちが遊んでいる様子をじっと眺めていることもある。また，年上の子どもが顔をのぞき込んで，あやしてくることもある。このような光景は，異年齢の子どもがたくさんいる園ならではの経験ともいえる。子ども同士の関わりも，保育者が見守る中で経験させていきたい。
　歩行が自立しなくても，園庭の砂場でおすわりをして砂場の砂の感触を楽しんだり，落ち葉の感触を楽しんだりすることはできる。このような経験は，豊かな感性をはぐくむことにつながっていく。外遊びを大いに楽しむ時間をつくっていきたい。なお，外遊びの際には衣服が汚れることもあるが，そのことをあらかじめ保護者にも伝えておき，着替えを多めに用意してもらうとよいだろう。
　そして，体や衣服が汚れたときには，シャワー等をして着替え，清潔を保つようにする。特に夏場はシャワー等で清潔にすることで，あせもやおむつかぶれを予防することができる。

第2節　1歳児の体の育ちと生活・遊び

　個人差はあるが，1歳前後にはほとんどの子どもがひとり歩きできるようになる。また，この1年で様々なことができるようになる。これまでに比べて活動範囲が飛躍的に広がると同時に，ますます目が離せなくなってくる時期でもある。
　また，特定の大人との愛着の形成が明確になってくる時期でもある。この特定の大人との関係性を確かめながら，大好きなその人と自分は，別の体と心をもっているのだということが分かるようになってくる。
　言葉の発達もめざましく，初めて意味のある言葉が話せるようになったと思うと，言葉の数はどんどん増えていき，2歳に近づくにつれて2語文が話せるようになってくる。
　さらに，徐々に自我が芽生えてくる時期でもあるため，1歳後半にか

第3章 0・1・2歳児の体の育ちと生活・遊び

けては自己主張がしっかりできるようになり，それに伴いかみつき等のトラブルも発生しやすくなってくる。

そんな1歳児の育ちや様子について，いろいろな角度から理解し，子どもたちが健康で安全に生活するために，どのように関わっていけばよいかを学んでいこう。

（1）1歳児の様子と関わり

1歳前後から1歳半頃にかけて，子どもはひとり歩きができるようになる。最初はその場でバランスを保ちながら両足を少し開いて立つ，ひとり立ちができるようになり，やがて片方の足を一歩前に出そうとするようになる。なかなかうまくいかず，尻もちをついてしまうこともあるが，やがて一歩前に出すことができるようになる。最初は体のバランスをとるために，両手を少し前に上げながら前に進む。やがて歩行が安定してくると，片手におもちゃをもったり，両手を下げた状態でも歩けるようになる。

初めての一歩は，ぜひ周りの大人とともに喜び合いたい。「すごいね。よくがんばったね」といった声かけをすることで，何かができたときの満足感を味わうことができる。子どもにとっては，このように新しい力を獲得すること自体が楽しいことであり，自分ががんばったことに対して，それを励まし，共に喜んでくれる大人の存在が大切なのである。

この時期，ときおり《シャフリングベビー》といっておすわりしながら前に進む子どもがおり，その場合はひとり立ちやひとり歩きが遅くなる傾向がある。ごくまれに神経系の異常が認められることもあるが，多くのケースでは特に問題はなく，発達の型の一つととらえればよいことがほとんどである。このような子どもに対しては，下肢の筋力をつけるために，斜面をはいはいで登って来られるような工夫をするとよい。こうしたことも，遊びの中で子どもに声かけしながら，ぜひ楽しみの一つとして行いたいものである。

歩行が安定してくると，小走りするようになったり，ボールを蹴ったりすることもできるようになる。すべり台に挑戦したり，ジャングルジムに興味をもったりと，ますます活動的になってくる。子どもの「やってみたい」という気持ちを尊重し，危険のないよう見守りながら，いろいろなことに挑戦する機会を支えたいものである。園庭や公園には，1歳児でも楽しめる固定遊具もあるので，見守りながら遊びの幅を増やしていきたい。

活動範囲が広がることで，探索行動も活発になってくる。室内等で危なくない環境を整え，積極的に探索行動ができるよう配慮していきたい。必要以上に子どもに対して「ダメ」と言わないようにする環境づくりをすることで，子どもも保育者も楽しく過ごすことができる。一方，いろいろなことを試してみたい時期でもあるので，それが大人にとっては「いたずら」と映ることもある。子どもの行動が危険に及ぶような場合には，「これをやってみたかったんだよね」と子どもの気持ちをくみ取った上で，「でも，これは危ないからやってはいけないよ」と伝えていくことも必要である。子どもの気持ちを理解しつつ，よいことと悪いことの区別はしっかり示し，自分の思いが通るときと，通らないときがあることを伝えるのも大切である。

　またこの時期は，大好きな大人との愛着の形成が明確になり，その関係性を確かめながら，その大人と自分とは別の体と心をもっていることを意識できるようになってくる。そのような愛着の対象者である大人から離れて，また戻ってきたり，わざと逃げて追いかけさせたり，といった行動が見られるようになる。

写真3-8，9　1歳9か月児
固定遊具で遊ぶ1歳9か月児

　この頃になると，相手の気持ちに気付くことができるようになり，やってはいけないことをすると「ダメ」と言われることもだんだん分かってくる。しかし「ダメ」と言われることが分かりながらも，大人の様子を見ながら，やってはいけないことをやり続けてみたり，さらに強い口調で「ダメ！」と言われると，やっとやめたりするようになる。つまり，大人の気持ちの度合いまでも察知できるようになると同時に，察知しつつも，自分のやりたいことをやってみたいという自我が芽生えてくるのである。

　自我の芽生えは，自分は他人とは違う考えや好みをもっていることを周りに示すことができるようになった証でもあり，できるだけその気持ちを認めてあげたいものである。子どもの自我は，大人にとっては「言うことを聞いてくれない」ことが増えるため，困った一面としてとらえられがちであるが，子どもが「～したい」という自己主張をしてきたら，保育者は，まずは子どもの気持ちに寄り添い，やりたいときは，存分に取り組めるよう見守るのがよいだろう。しかし，そうすることで危険が生じたり，友達にいやな思いをさせてしまったりするときは，その理由

第3章 0・1・2歳児の体の育ちと生活・遊び

をしっかり伝えた上で，やめなければいけないことを伝えていく。

　言葉の発達も著しい時期である。言葉の発達と関連の深い指さしだが，1歳頃には自分が主体となって指さしするようになる。まだ言葉としては表現できなくても，何か自分がほしいもの等を指さして，「あ，あ」等と周りの大人に伝えることができるようになる。このような指さしを繰り返したり，大人とのやりとりを繰り返すことによって，だんだん言葉の意味を理解するようになり，自ら意味のある言葉を発することができるようになってくる。子どもが指さしをしながら何かを伝えてきたときには，「○○がほしいのね」「これは△△だね」と，正しい発音で子どもの言葉を反芻して応対する等，ていねいに関わっていきたいものである。また，子どもの気持ちをくみ取って「楽しかったね」「びっくりしたね」と，そのときの子どもの感情を言葉で表現していくことも大切である。

　発達に関しては必ず言えることだが，言葉の発達もひじょうに個人差があるため，その子どもの発達段階に合う言葉がけをしていくことが重要であろう。そのためにも子どもの様子をよく観察し，今どのようにしたいのか，何を伝えたいと思っているかを，しっかりくみ取れるようになりたい。

（2）1歳児の生活の援助
● 睡　眠

　1歳児の睡眠は，0歳児に比べてさらに夜間睡眠がしっかりとれるようになってくる。しかし，この時期はまだ夜泣きする子どもも多く，1歳6か月から9か月児の6割以上は夜泣きの経験があるという報告もある。昼間の活動内容を考慮し，夜間睡眠においては就寝時刻がなるべく一定になるよう働きかけることが望ましい。

　昼寝も，1歳2か月以降は午後1回になる場合が多い。このような生理的な睡眠リズムに配慮し，園生活の中でも，午睡の時間は静かに過ごすことが望ましい。そのまますーっと寝入る子ども，ぐずってなかなか寝つかない子ども，背中をトントンしてもらいながら眠る子ども，指先でタッチするように軽くリズミカルにさわられると眠りやすい子ども，手や足をさすってもらうことで眠りやすい子ども等，それぞれのお気に入りの寝入り方がある。その日の体調や気分，午前中の過ごし方によっても，寝入りの様子が違ってくることもある。なかなか眠れない子どもに対しては，その理由を探しながら，たとえ眠れなくても，気分はリラッ

クスして体を休める時間となるよう，ていねいに関わっていくことが大切である。そばで静かにお話をすることで，精神的に落ち着いて，いつの間にか眠りに落ちることもある。子ども一人ひとりの「心地よい入眠」を探り，その子どもに合った午睡時の対応を工夫していきたい。

　なお，1歳児に対しては，睡眠中の呼吸の確認を，10分おきに行うことが望ましいといわれている。

● 食事とおやつ

　1歳から1歳6か月頃にかけて徐々に離乳食を完了し，2歳になる頃には幼児食に移行していく。この時期には1日の食事回数を3回とし，食事や睡眠のタイミングをなるべく一定にしていき，1日の生活リズムを整えていきたい。

　0歳の頃までは，離乳食の後に乳汁を与えることで，食事だけでは足りない栄養を補っていたが，離乳完了期に向けて，乳汁を食事の後にとらなくても食事だけで栄養がとれるようになっていく。

　自分で食べる意欲を育てることも重要である。ごはんをおにぎりにしたり，野菜をスティック状にしたりして，手づかみ食べをさせるのもよい。前歯を使って適量をかみとることができるように援助していく。また，1歳から1歳6か月頃にかけて，多くの子どもたちは第一乳臼歯（乳歯の奥歯）が生えてくるので，子どもの歯の萌出に合わせて，奥歯でしっかりかむことのできる食材を徐々に取り入れていくようにするとよい。

　この時期は，自分でスプーンやフォークを使って食事ができるようになってくるので，自分でやりたいと思う気持ちを大事にしていきたい。スプーンのもち方も，最初の頃はスプーンを上から握って食べるが，慣れてきたら下から握って食べるように援助していく。そうすることによって，その後，箸を使って食べることへの移行がしやすくなる。

　食に対する意欲は，月齢による差だけでなく一人ひとり違うので，食の細い子どもに対しては，量より質に重点をおき，偏ったものでおなかがいっぱいにならないよう配慮するとよい。また，自己主張が少しずつ出てくる時期でもあるので，食べ物の好き嫌いもはっきりしてくることもある。無理強いすることなく，楽しい雰囲気の中で，保育者やほかの子どもたちがおいしそうに食べる姿を感じさせながら，何でも食べられるように援助していきたい。自宅ではなかなか食べられない食材であっても，園でほかの友達と一緒に食べると食べられることもあり，園生活の中でいつの間にか好き嫌いがなくなっていくことも多い。大人の

第3章 0・1・2歳児の体の育ちと生活・遊び

写真3-10 1歳3か月児
スプーンをもてるようになった

ちょっとした工夫で，この時期から嫌いなものが定着しないようにしていきたいものである。

なお，1歳児はデータ上でみると，もっとも食物アレルギー有病率の高い時期でもある（図3-1）。これは，0歳の頃はアレルギーの原因食材が特定できなかったのが，1歳児になる頃から特定できるようになるためである。このように医師によってアレルギーの原因食材が特定できた場合は，事前に「緊急時個別対応票」や「生活管理指導表」等を作成し，園でアレルゲンとなる食材を口にしないよう配慮する。除去食を行う際には，保護者，主治医，保育者と事前によく話し合っておかなくてはならない。ただし，除去に関してはあくまでも医師による判断があったものに対して行うこととし，親の独自の申し出によって除去を行うことのないよう注意する。行き過ぎた除去によって必要な栄養が十分にとれず，結果として発育・発達に影響を及ぼすケースもある。また，年齢が上がることでアレルギー症状が改善され，除去の必要がなくなることも多いので，必ず1年ごとに除去する食材について見直す必要がある。

この時期には，間食として午前・午後に1回ずつおやつを与える。このときの乳汁としては牛乳を用いてもよい。離乳の完了を迎えるこの時期には，牛乳は食事の後ではなく，1日2回のおやつの時間に与えるようにする。

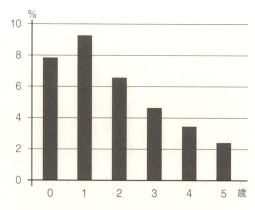

図3-1 食物アレルギーの有病率（年齢別）
厚生労働省『保育所におけるアレルギー対応ガイドライン』2011年

● 排　泄

　この時期の子どもは友達の様子を見ながら，楽しそうなこと，興味をもったことは，まねして同じようなことをしてみるようになるため，排泄に関しても，すでにおまるやトイレで排泄できるようになってきている子どもたちの姿をさりげなく見せるのもよい。おまるやトイレで上手に排泄して，保育者にほめられている姿を目にすることで，「自分もおまるでおしっこしたい」「トイレでおしっこできるようになりたい」といった気持ちになることもある。また，おまるやトイレで排泄している場面のある絵本や映像等を見せることでも，子どもは排泄に興味をもつようになる。子どもの興味・関心を上手にくみ取って，子どもに無理強いすることなく，おまるやトイレでの排泄を試みさせてみるとよいだろう。よく子どもを観察していると，子どもが排泄しているときのサイン（顔を赤くしていきむ，突然遊びをやめて止まる等）が分かるようになる場合もあるので，そのようなときには，おまるやトイレに誘ってみるとよい。

　おむつからパンツに変えていくタイミングとしては，膀胱にある程度の尿を溜めておけるようになること（おむつを替えから次の排尿までの間が90分ぐらい空くようになる時期），おまるやトイレでおなかに力を入れていきむことができるようになること，尿意を感じてから少しの間がまんすることができること等が挙げられる。

　慣れてくると子どもから排泄の有無を知らせてくることもあるが，すでに排泄済みであることも多い。そのようなときには，知らせてくれたことに関してはほめて，もう少し前に知らせることができたら，さらによいことを伝えておく。排泄のタイミングが合わずに失敗してしまったときにも，叱らず次につなげるように声をかけていくことが大切である。叱りすぎると，排泄すること自体に恐怖心を感じてしまうこともあるので，そうならないように配慮していく。

　排泄に関しても，ひじょうに個人差があるので，無理なく，しかも根気よく進めていきたいものである。

● 衣服の着脱

　1歳になると，衣服の着脱も少しずつできるようになってくる。自分でも興味をもち，やってみたくなる時期でもある。しかし，なかなか一人ではうまくできないことも多いため，ズボンに足が入れやすいような小さな椅子を用意する，また着替えることに気持ちを向けられるように，ついたてを立てて着替えのコーナーをつくったりして，自分で気がすむ

第3章 0・1・2歳児の体の育ちと生活・遊び

まで取り組める環境を整えるのもよい。
　完全に一人ではできなくても，そっと保育者が手伝うことで上手に着脱できることもある。たとえば，自分でズボンのトンネルの中に足を入れること，両足を入れたら立ち上がり，ズボンをお尻の下までぎゅーっと引っぱってくることができるとする。最後の仕上げができないためにズボンがはけないのであれば，保育者はお尻がうまく入るまで後ろからそっと手伝うとよい。そうすることで，子どもは「できた！」という気持ちを味わうことができる。衣服を脱ぐときも，すべて自分で行うのがむずかしい場合は，保育者が袖をもち，子どもは自分で肘を曲げて抜くように伝えるとよい。保育者が少し手伝ったとしても，自分で意欲的に着替えることができたことを大いにほめて，自己有能感をはぐくむ基盤づくりも意識しておく必要があるだろう。この時期の「自分で着替えたい」という思いを大切にし，保育者が上手に介助することによって，自分でもできる喜びを感じさせてあげたい。そうすることで，いずれ完全に一人で着脱できるようになっていく。

（3）1歳児の遊びと保育
　1歳児は自分の思いをもつことができるようになるが，その思いどおりにうまくものごとが進まないと，泣いたり，怒ったりすることもある。保育者が子どもの思いを受けとめ，「～したかったね」と共感することで，子どもの気持ちは穏やかに落ち着いていく。そのような保育者との信頼関係があると，子どもはその後も積極的に主体的な活動を繰り広げていくことができるようになる。まだ大人の思いと一致しないことも多いため，大人から見ると「いたずら」をしているように映る行動もある。必要以上に禁止をしなくてすむように，保育環境を整えておくことも大切である。
　ときに1歳児の示す自己主張は，保育者にとって悩ましいものと映ることもあるが，自己主張ができるところまで成長したことを共に喜び，「～したい」という気持ちをもてることは大事な発達の一つであることを理解しておきたい。そして，危険なことや社会的ルールに反すること等はやってはいけないと繰り返し伝えつつ，子どもの思いはなるべくくみ取りながら，のびのびと育てていきたいものである。まだうまく気持ちが伝えられないこの時期の子どもの気持ちを，保育者がていねいに読み取って，子どもの思いを言葉にしていくことがとても重要である。
　日々の生活においては，毎日行う活動の流れをある程度一定にしてお

くことで，子ども自身が次の行動を予測して動くことができるようになってくる。たとえば，午前のおやつを食べたら排泄をすませて，外遊びや散歩，入室したら着替えやおむつ交換をして食事，食事が終わったら着替えやおむつ交換をして午睡，目覚めたらおやつを食べて室内遊び……というように，およその一日の流れをある程度一定にすることで，子どもたちは日々の生活に慣れていく。次の行動として何をすればよいのかが分かってくると，日々の生活が安定し，それによって精神的な安定感を得ることができるようになってくる。こうした安定感を得ることで，自分が主体となって，遊びを繰り広げていくこともできるようになる。

　この時期は活動範囲が広がってくるため，探索行動も活発になってくる。子どもから目を離さないように見守りながら，子どもが好きな遊びに存分に取り組めるよう，環境を整えておくとよい。子どもたちは自分の思いをもち，自分のイメージで徐々に「つもり遊び」「見立て遊び」ができるようになってくる。自分がお母さんになったつもりでぬいぐるみを寝かしつける真似をしたり，おもちゃをごちそうに見立てて保育者にごちそうしたりと，自分のイメージで遊ぶことができるようになってくる。そのようなときは，その子ども一人ひとりのイメージに応じたやりとりをしていくとよいだろう。

　友達にも関心が出てくる時期である。同じ空間で，同じような動作をして楽しむことも，少しずつできるようになってくる。誰かが楽しそうな遊びを始めると，何人かの子どもたちが近くに寄ってきて，それぞれが同じような遊びをし始めることもある。

　友達のもっているおもちゃがよくて，それを取ろうとして泣いてしまったり，取られたほうも泣いてしまう等のトラブルも多くなる時期でもある。まだ十分に言葉で表現できずに，かみついてしまう子どももいる。不要なトラブルを避ける意味でも，取り合いのもとになりやすい魅力的なおもちゃ等はなるべく人数分揃えておくとよいだろう。

　保育者はお互いの子どもの思いを受けとめて，子どもの気持ちを代弁しながら，子どもの思いを取りつぐことが大切である。かみつきやすい子どもに対しては，日頃の不満がないかどうかを振り返ることも大切である。また，トラブルになりやすい子ども同士は，落ち着くまでは，お互い少し離れた場所で遊べるように配慮

写真3-11　1歳児
同じ空間で同じような遊びを楽しむ

第3章　0・1・2歳児の体の育ちと生活・遊び

写真3-12　1歳2か月児
狭い空間に入るのが大好き

をすることもある。お互いの思いが理解できるように，子どもたちの気持ちを代弁しながら，穏やかに説明していきたいものである。このようなかみつきがあったときには，保護者に対してもていねいな説明や対応をする必要もある。

片づけの習慣化も，この時期から行うとよい。決まった収納ケースにしまうことも遊び感覚で行えるよう工夫すると，片づけ自体も楽しみながらできる。

また室内であっても，体を使った遊びをぜひ取り入れたい。この時期の子どもはちょっとした狭い空間に入るのを好むので，安全に見守られた環境下であえてそのような空間をつくって，もぐりこめるようにするのもよいだろう。

斜面のある高台を用意したりするのも楽しい。積極的に体を動かすことのできる室内環境があると，体を使った活動が盛んになってくる。1歳児の室内遊びには，なるべくお互いがぶつかっても痛くないような素材のものを選ぶとよいだろう。

またこの時期は，指先が器用になってくるので，小麦粉粘土等を使って，こねたり，固めたり，といった感触を楽しむのもよい。ちぎったり，丸めたり，手を使うことで変化する素材を十分に味わうことも大切である。クレヨン等の素材を使って，紙や新聞紙の上でぐるぐる描いてみるのも楽しい。同じ色，違う色，まずは十分ぐるぐる描くことを楽しませたい。

積み木を楽しむこともできるようになってくる。いろいろな形の積み木を少しずつ重ね，何かの形を想像しながら，楽しい作品をつくるようになることもある。

そのほか，ものを入れたり出したり，開けたり閉めたり，といった繰り返しの動作も大好きな時期である。気に入ると，何度も繰り返して楽しむようになる。子どもが気に入った遊びには，存分につきあって満足できるようにするとよい。

外遊びも大いに取り入れていきたい。だんだん歩行がしっかりしてきたら，「まてまて～」と追いかけっこを楽しむのもよい。固定遊具も，1歳児でも遊びやすいものがあれば，ぜひ体験させてあげたいものである。また，コンビカー（足で蹴って前に進む乗用玩具）等を気に入って，乗り回すこともある。最初はゆっくり移動していただけだったのが，だ

66

んだんかなりのスピードで移動するようになっていく。安全には十分気を配りながら，存分に楽しめるよう見守っていきたい。

園外へのお散歩も，自分でしっかり歩いて行けるようになる。園外に行くことで，いろいろな気付きもあり，様々な経験もできる。近くの公園までの道のりで，犬や猫に出合うこともあるだろうし，踏切近くで電車を見かけるかもしれない。地域の人々と触れ合う機会にもなる。

写真3-13　1歳11か月児
積み木でおふねをつくったよ

園内では経験できない新鮮な経験をたくさんすることで，実体験と言葉がしっかりと結びつくような会話も楽しみたい。言葉も少しずつ増えてくる時期なので，「あ，ワンワン」「電車，来たー」と指さしながら，単語が2つつながるようなお話（2語文）も楽しむことができる。そのようなときには，「そうね。ワンワンだね。大きいねえ」「本当だ。かっこいい電車がきたね」と会話をふくらませていくとよい。そうした経験を経て，子どもたちの言葉はどんどん増えていく。

また散歩や外遊び等を繰り返していくうちに，だんだん子どもの体力もついてくる。散歩も，最初は近くの公園までの道のりであったのが，徐々に距離をのばして少し遠い公園まで歩けるようになってくる。多くの友達と仲よく歩くことで，楽しみながら体力をつけることができるのである。室内では子ども同士のトラブルがあっても，このようにお散歩に出ることで，ほどよい気分転換にもなる。子どもたちの心の健康という側面からも，こうした活動を積極的に取り入れていきたい。なお，散歩に行く際は，交通安全に十分注意することは言うまでもない。また，ちょっとしたケガに対応できるよう，救急箱をもち歩くようにする。

季節に合わせた遊びもぜひ取り入れていきたい。夏場であれば，水遊びをするのも楽しい。1歳児頃までは，肌への影響や誤って水を飲んでしまうこと等を考えると，なるべく塩素剤を使わないですむ水遊びが無難である。衛生面を重視して一人一つのたらいを用意すると，塩素剤を投入しなくても遊ぶことができる（写真3-14）。空きペットボトルを利用した手作りおもちゃや，水遊びに適したおもちゃを用意して，保育者と共に水に親しんでいく。なお，水に入る前は，子どものお尻を石鹸で洗ってから水遊びを行う。日当たりのよい園庭に，朝のうちから水を入れて用意し，水が冷たすぎないかどうかを確認しておく。水温は少なくとも22度以上とし，気温と水温を足して50度以上が水遊びをする目安

第3章　0・1・2歳児の体の育ちと生活・遊び

である。直射日光を避けるため，パラソル等を立ててから行うとよい。

　この時期の安全面の配慮としては，まだ歩行が安定しない時期でもあるので，歩き始めの時期の歩行への配慮が挙げられる。歩くのに慣れてきても，重いものをもちながら歩いたりすると，転倒することがあるので，おもちゃや絵本等をたくさん抱えて歩かないように見守りたい。まだ体の大きさの割に頭が大きいので，重いものをもって歩くとさらにバランスを崩しやすい。また，ちょっとした段差につまずいて転倒することもあるため，歩行が安定してくるまでは特に注意していきたい。ブロックの大きさ等にも配慮する必要がある。口の中に入ってしまう心配のない大きさのものを用意しておくとよいだろう。

　1歳以降は活動範囲が広がるため，園庭等の屋外での事故も多くなってくる。たとえば，年齢の高い子どもたちがこいでいるブランコの前や後ろを横切らないように注意したり，すべり台やジャングルジム等の固定遊具で遊ぼうとしているときは，一人では遊ばないように目配りしたりする必要がある。

写真3-14　1歳児
水遊びの様子

第3節　2歳児の体の育ちと生活・遊び

　2歳から3歳にかけては，運動機能もさらに発達し，走る・跳ぶ・蹴る・投げる等，様々な動きができるようになり，活動範囲もさらに広がっていく。また手先も器用になり，細かい作業を伴った遊びにも興味をもつようになる。言葉も発達し，2語文から多語文を話すようになり，「これなあに？」という質問が増えてくる。

　この時期は，自分の大好きな特定の大人（愛着の対象）と離れていても，その対象との絆をしっかりと心の中に保ち続けることができるようになってくる。そのため，特定の大人が見えるところにいなくても，活動できるようになってくるのである。友達とも少しずつ関わりながら遊べるようになる。しかし，自己主張も強い時期でもあるため，ちょっとしたことでトラブルも起こりやすい。2歳児の発達の特性を理解し，どのように関わっていくとよいかを学んでいこう。

（1）２歳児の様子と関わり

　２歳になると動きも活発になり，走ったり，跳びはねたり，ボールを投げたり，鉄棒や鉄輪にぶら下がったり，といろいろな動きができるようになってくる。また，少し高くなっている縁石の上等を，両手を広げて上手に歩いたりすることもできるようになってくる。園庭や公園にある固定遊具も，自分より年齢の高い子どもたちが遊んでいる様子をまねして，自分から挑戦していくことも増える。しかし，まねして挑戦してみたところ，怖くなって尻込みしてしまうようなこともあり，そのようなときにはすばやく察知し，子どもに安心感を与えながら手助けするようにしたい。

　指先も器用になってくる。スプーンを使って上手に食べられるようになったり，手で紙をちぎって，のりで貼るといった動作もできるようになってくる。紐通し等も好きな遊びとなり，夢中になって一つの遊びをじっくり続ける子どももいる。また，ブロックでつくった電車をつなげたり，積み木を何段も積み上げたりすることができるようになり，２〜３人の子どもで一緒に同じ遊びを続けることができるようになってくる。

　友達への関心もさらに深まり，２〜３人のグループで関わり合いながら遊べるようになってくる。けんかも多くなるが，機嫌よく一緒に遊べることも増えてくる。まだお互い言葉で上手に思いが伝えられないため，保育者が仲立ちとなり，遊びがスムーズに続いていけるよう援助するとよい。お互いの気持ちを言葉にして，どちらかががまんすることなく，気持ちよく遊べるよう関わっていきたい。

　言葉の発達も著しい。３語文以上の多語文を話すようになり，自分の思いを一生懸命に伝えようとしてくる。子どもが話しかけてきたときには，しっかりと耳を傾け，保育者は，子どもが言葉足らずのときには「○○したかったのね」と，その子どもの気持ちをくみ取って言葉に置き換えていくとよい。そのように接することで，子どもが自分の気持ちを保育者がしっかり受けとめてくれていることを認識し，保育者との信頼関係がさらに強化されていく。

　また，言葉の発達に伴い「これなあに？」といった質問も増えてくる。返答に困るような質問もあるかもしれないが，なるべく誠実に答えたい。

　この時期は何でも「自分でやりたい」という意識が強まってくるため，その意欲を尊重し，できない部分はさりげなく介助するとよいだろう。自分でうまくできたことは「見て！」と得意げに話してくることもあるので，そのような場合はきちんと向き合い，大いにほめ，できたことに

第3章 0・1・2歳児の体の育ちと生活・遊び

対して一緒に喜び合うことが大切である。誇らしげに「自分を見てほしい」と素直に言葉にできるこの時期に、十分周りの大人が認めてあげることで、子どもは自我を充実させていくのである。

いろいろな感情が発達してくる時期でもあるので、子どもが泣いたり、笑ったりしているときには、「○○だから悲しいね」「△△でうれしいね」と、周りの大人が子どもの気持ちを言葉にしていくとよい。それによって、自分がどんな気持ちでいるのかが理解できるようになっていく。そして、そのように自分の気持ちを理解してくれる大人がそばにいることで、やがて人の気持ちも徐々に理解できるようになってくる。

友達同士のトラブルも多い時期でもあるが、そうした小さなトラブルを経験していくことで、人と関わるということを学んでいく。たたいたり、かみついたりしてしまう子どもに対しては、なぜそのような行動をとってしまったのかという点にも目を向けたい。そして、そのような行動をとってしまった子どもの気持ちを「○○だからたたいてしまったのね」「△△だからかみついてしまったのね」と理解した上で、「たたかれたり、かみつかれたら、痛いし、いやだよね」と、相手の気持ちも理解できるように促していく。このように、いったん自分の気持ちを理解してもらうことで気持ちが安らぎ、落ち着いて人の気持ちを理解することが徐々にできるようになっていく。

（2）2歳児の生活の援助

● 睡　眠

2歳児の睡眠は、1歳児後半同様、午後の昼寝を1回する割合が最も多く、約4分の3が1～2時間の昼寝をしている。夜間睡眠も午睡時も、ほぼ一定時間眠れるようになってくるが、子どもの日々の状態によっても変わることがあるので、園での午睡時の寝入り方もよく観察しておきたい。なるべく静かな時間を過ごせるよう配慮していきたいものである。

いつもはぐっすり眠れる子どもが、ぐずってなかなか寝つけないときは、気持ちが落ち着かなかったり、体調不良だったりする可能性もある。室温や寝具、衣服等を調節し、静かにお話ししたり、絵本を読んだりしながら、心地よく寝入ることができるように関わっていく。

2歳児に対しても、眠っている間の呼吸の確認は必ず行う。10分おきに確認することが望ましいといわれている。

● 食　事

　食事に関しても，かなり自立してくる。自分でスプーンやフォークを使って食べられるようになり，スプーンのもち方も，それまで上から握っていたのが，下から握れるようになってくる。やがて3歳に近づくと箸で食べることにも興味をもつようになる。

　スプーンと茶碗を両手にもちながら食べられるようになったり，食事の時間にはきちんと座って落ち着いて食べられるようにもなってくる。まだまだ好き嫌いもある時期ではあるが，仲のよい友達がおいしそうに食べている姿に感化され，自分もがんばって食べようとする姿が見られることもある。今まで苦手だった食材を口にすることで，保育者からも「わあ，すごい！　食べられたね」等とほめられ，いつの間にか食べられるようになっていくこともある。

　また，食べられる食事の量にも個人差があるため，あまり多く食べられない子どもに対しては，その子どもが食べきれる量を盛りつける工夫も大事である。ほかの子どもたちと同じ量を盛りつけていると，いつも食事の食べ終わりが遅くなり，常に取り残された気持ちを味わうことになってしまう。食事すること自体に意欲をなくしてしまわないように，みんなと同じ時間内に完食できる喜びが経験できるとよい。食事すること自体を嫌いにならなければ，成長の過程で昼間の活動量も増え，自ずと食べられる量も増えてくる。長い目で見守っていきたいものである。

● 排　泄

　2歳頃になると，排尿の間隔も1時間半以上空くようになってきたり，言葉で排泄を知らせることができるようになってきたりするため，おむつからパンツに変えていくのによい時期であるともいえる。園生活においても，食事の前後や遊びの前後，午睡の前後等で，適宜トイレに誘ってみるとよい。トイレで上手に排泄できたときには十分ほめ，できなくてもせめたり，叱ったりせず，気長に構えて対応するとよい。

　おむつをはずしてパンツにすることで，動きやすく身軽になる快適さを感じられるようにもしたい。一日のうちで，すべての時間をパンツで過ごすことがむずかしい場合は，午睡時や夜間睡眠時のみおむつを使う等，併用しながら無理なくおむつをはずしていく方法もある。

　また，トイレに誘うタイミングを上手につかんで誘ってみると，成功する確率も高い。たとえば，夜間におむつをしていても，排尿していないようなときは，朝一番でトイレに行くと上手に排尿できることがある。

第3章 0・1・2歳児の体の育ちと生活・遊び

　同じように，午睡後におむつがぬれていないときには，トイレに連れて行くチャンスでもある。このようにタイミングを見はからって，子どもが無理なく排尿できるときにトイレに誘うとよい。
　子どもによって，いきむ，顔を真っ赤にする，内股気味に立って太ももをこすり合わせるような格好をする等，子どもそれぞれの排泄のサインがある場合も多い。子どもの様子をしっかり観察し，そのようなサインをすばやくキャッチすることで，トイレに誘うタイミングを合わせられるようにしていきたい。
　トイレの環境を明るく，楽しい雰囲気になるよう工夫してみるのも一案である。子どもの好きなキャラクターのシールをそれぞれのトイレに貼っておき，「今日はうさぎさんのトイレにする？」と誘うのも楽しい。同時に排尿・排便時のトイレットペーパーの使い方等も，少しずつ教えていきたいものである。排泄の自立が進んできたら，女児の場合は，前から後ろに拭くことも同時に教えていきたい。女児は尿道が短く，膀胱炎等の尿路感染症を起こしやすいので，排泄時の処理をしっかり教えておくことも大切である。
　排泄に関しては，園での過ごし方，自宅での過ごし方について保護者とよく相談し，失敗しても叱らずに，無理なく進めていきたい。
　一方，最近の傾向として，排泄のしつけの開始が遅くなる傾向がある。「平成22年度幼児健康度調査報告」（日本小児保健協会）によると，2歳児で排尿のしつけをしているものは54％であり，平成2年度や同12年度の調査と比べると，しつけをしている割合が大幅に低下してきている。近年おむつはずれが遅くなる傾向もあり，子どもの興味・関心を上手に引き出しながら，無理のない，おむつはずれを少しずつ始めたいものである。尿意を感じてトイレで排泄することの大切さや，パンツで過ごすことの快適さを，子どもたちに徐々に伝えていきたい。

● 衣服の着脱
　2歳になると，衣服の着脱に関しても「自分でやりたい」という意識がさらに強くなってくる。なかなか思うようにできないこともまだあるが，保育者が手伝う部分を少しずつ少なくし，なるべく自分で行う部分が多くなるように見守っていきたい。中には，ボタンをかけることに挑戦する子どもも出てくる。その場合は，保育者がボタンホールの途中までボタンを通して，ボタンホールの反対側に出てきたボタンを子どもが引っぱるようにすると，スムーズに行えることもある。多少時間がかかっ

ても，子どもが「やってみたい」と感じたときの意欲を大切にし，根気
よく挑戦できたときには大いにほめることが大切である。ボタンかけの
ようなむずかしい作業は，すべてのボタンがかけられなくても，「一番
下だけ」または「半分だけ」できるだけで，子どもにとっては大満足で
ある。一緒に喜び合って，次の機会につなげていきたい。

　ただし，この時期はいつも自分でやりたがるとは限らず，ときには，
できることでも，甘えて「やって」とせがんでくることもある。ときと
して自分でやりたい気持ちと，まだ甘えたい気持ちが交互に出てくると
きでもあるので，そのようなときには，甘えたい気持ちを受けとめなが
ら，しっかりと応えていきたい。そして，満足してまた意欲が出てきた
ときには励ましながら，見守りたいものである。

（3）2歳児の遊びと保育

　この時期は，子どもに関わっている保育者の姿をまねしたり，友達と
イメージを共有したりして，つもり遊びや見立て遊び，ごっこ遊びが楽
しめるようになってくる。つもり遊びや見立て遊び，ごっこ遊びが行い
やすいように，生活をイメージしやすい小物をいろいろ用意しておくと
よいだろう。赤ちゃんの人形，ふとん，おんぶひも，テーブルといす，
エプロン，三角巾等，ごっこ遊びが十分にできるものをそろえた空間を
用意してあげるとよい。そして保育者は，一緒につもり遊びや見立て遊
び，ごっこ遊びの仲間に入り，言葉のやりとりを通してイメージをふく
らませ，さらに遊びを発展させていくとよい。保育者が子どもの思いを
拾いながら，一緒にしっかり遊びこむことで，子どもたちの気持ちも安
定してくる。

　手先はさらに器用になり，小麦粉粘土等も何かに見立ててつくること
ができるようになってくる。積み木を重ねたり，ブロックを長くつなげ
たりと，これらもいろいろなものに見立てて，何人かと一緒に遊ぶこと
ができるようになってくる。保育者の言葉かけによって，いろいろな方
向に遊びが繰り広げられていくこともある。保育者も一緒に楽しみなが
ら，子どもたちの遊びを見守っていきたい。

　また，パズルや型はめ等も好きな遊びの一つであり，繰り返し遊ぶこ
とが楽しい時期でもある。なお，これらのおもちゃは，自分たちで片づ
けがしやすいように，入れる箱や置き場所を工夫しておくとよい。

　はさみや，のり，クレヨン等も，保育者が見守る中，徐々に使い方を
覚えていく。はさみを渡すときには，刃を人に向けない，といった基本

73

第3章 0・1・2歳児の体の育ちと生活・遊び

的なルールも一緒に伝えていきたい。
　音楽やリズムも大好きで，音に合わせて体を動かす活動もぜひ行いたい。音のイメージに合わせて，様々な動物になりきる等，子どもたちは少しずつ体を使って表現することもできるようになっていく。
　園庭には，三輪車，スクーター，ボール等を用意しておき，周りの子どもたちとぶつからないよう注意しながら，自由に遊べる時間をつくれるようにするとよい。ボールを使うときは，0歳・1歳児が園庭で遊んでいない時間にする等の工夫をし，思いきり遊べるような時間と空間をつくっていく。固定遊具も，怖いもの知らずでどんどん挑戦していくこともあるため，保育者は必ず目を離さないようにし，一緒に遊びながら，安全に遊ぶ方法を伝え，同時に危険な遊び方はしてはいけないことも伝えていく。
　子どもの挑戦したい気持ちを大切にしながら，大きなけがにつながらないよう，見守っていきたい。

写真3-15　2歳3か月児　固定遊具で遊ぶ

① 0・1・2歳児それぞれの時期において，子どもの体と心をはぐくむ遊びには，どのようなものがあるだろうか。
② 0・1・2歳児の子どもに共通して大切にしたい生活のあり方とは，どのようなものだろうか。

参考図書

◎ 衞藤隆（特例社団法人日本小児保健協会）「幼児健康度に関する継続的比較研究」班編『幼児健康度に関する継続的比較研究．平成22年度総括・分担研究報告書』2011年
◎ 大神英裕他「共同注意——その発達と障害を巡る諸問題展望」『教育心理学年報』45, 145-154頁，2006年
◎ 厚生労働省「授乳・離乳の支援ガイド」2007年
◎ 白川修一郎編『睡眠とメンタルヘルス——睡眠科学への理解を深める』ゆまに書房，2006年
◎ 鈴木美枝子編著『これだけはおさえたい！ 保育者のための子どもの保健Ⅱ 第2版』創成社，2018年
◎ 鈴木美枝子編著『これだけはおさえたい！ 保育者のための子どもの保健Ⅰ 第2版』創成社，2013年
◎ 帆足英一監修『実習保育学 第5版』日本小児医事出版社，2011年

みんなが育ち合う
インクルーシブ教育・保育

　障がいのある子ども，障がいの診断はなされないが育ちの上での課題が気になる子ども，慢性疾患のある子ども等の指導にあたっては，一人ひとりの発育・発達に応じた援助・指導を基盤にした教育・保育を展開する必要がある。なかでも個別の特別な支援，配慮の視点をもった援助・指導が必要となる。

　こうした配慮を必要とする子どもの教育・保育を考えるとき，まず第一に考えるべきことは，その子どもも，集団の教育・保育の場で仲間との関係の中で育つということである。特別な配慮の視点を考えると，当然，当事者との向き合い方，その育ちを支える方向を考えることになるが，このときに忘れてはならないことは，①集団の教育・保育の場で他児との関係の中で育つ，②他児も特別な配慮を必要とする友達との出会いの中で育つ，という２つの関係性を理解して教育・保育を営むことである。日々の教育・保育のことを考えると，その子どもの課題となる行動へのアプローチが優先され，その子どもとその周りに共にいる子どもたちの生活の豊かさや遊びの充実等，乳幼児期にとって大切な経験が見失われてしまうことが多い。しかしそうではなく，保育者の個別の配慮をほどこした援助を手がかりにして，仲間と仲間をつなぎ，関わり合いながら育ち合う教育・保育が展開されることが望ましい。このような考え方は，近年「インクルーシブ（包括的な）な教育・保育」という言葉で表され，この理念に基づいた教育・保育実践が展開され始めている。

　こうした理念は，世界的にも10年前くらいから提唱され注目を集めてきたが，日本でも文部科学省が2012（平成24）年７月に「共生社会の形成に向けたインクルーシブ教育システム構築のための特別支援教育の推進」という報告書をまとめ，今後の展開が期待されているところである。障がいのある子どもも，育ちの上での課題が気になる子どもも，地域で暮らし，地域の学校で教育を受けて，支え育ち合うことが可能になる教育・社会システムの構築が急務とされている。

事例 心疾患のあるＴ君と仲間たちの育ち合い

　　Ｔ君は生まれながらの心疾患のある男児で，1歳から６歳まで保育所で生活をしていた。心疾患の状況はかなり重く，日常の生活の中でも気候や活動の内容によっては，呼吸が苦しくなり，保育者に抱かれたり，横になったりして休憩をしては再び遊ぶという状況にあった。

　　看護師・保育者は，日々の気温や本人の健康状態，前日までの生活と疲れ具合いを常

に細やかに観察をし，できるだけ不調にならないように配慮をして過ごしていた。3歳未満の幼い頃には，自分の体や心臓の状況が分からず，体調が悪くなると不安や焦り，怒りに近いような気持ちを表し，常にもどかしさを感じているようだった。そのようなときには，その都度，保育者が状況をくみ取り，本人の苦しい気持ち，遊びを継続できないことや活動に参加できないことでの残念な思いを言語化して代弁することを重ね，徐々に安心を得て，落ち着くという支援をしてきた。そして，生活を重ねるごとに自分の体，病気についても理解をするようになり，不調の前兆を感じ取り，予測して活動に参加することができるようになった。

　年長児のある日，わらべ歌遊びや簡単なリズム遊びをしているとき，T君が「先生，ドキドキするからごろんしたい（横になりたい）」と伝えてきた。訴えを聞いた保育士Kは，T君の状況を周りの友達に伝え，T君と共に遊びの輪から抜けた。そして，休憩場所で横になりながら，本人の困惑した気持ちを代弁したり，遊びを継続している友達の活動を眺めては，保育士Kと楽しさを共有したりしている様子があった。また，一緒に遊びに参加していた女児Nさん，Yさんが，「T君，ごろんしながら一緒に遊ぼうね」「T君，ごろんしていても，歌ってるから一緒だよね。声が聞こえてうれしい」と言葉をかけていた。

　この事例は，日常の一場面ではあるが，遊びへの参加の仕方はそれぞれであり，その遊び方の中で楽しい経験をすることができるということ，子ども同士が自然に仲間の存在と遊び方を受け入れていることが分かるものである。T君自身も自分を知り，自分なりの生活を送る力が育っているとともに，クラスの友達もT君を受け入れ，また，みんなとは違うがT君なりの生活・遊びを自分のスタイルで共有していることを認め，共に生活を楽しんでいると解釈することができる。

　このように，保育者の個々への配慮をほどこした関わりがそれぞれの子どもの育ちを支え，また仲間同士の育ち合いを支えたことは，まさにインクルーシブ教育（保育）の理念を生かした実践であるといえる。障がいがある子どもが保育の場にいることで「やさしさが育つ」というような常とう句で対応する時代は過ぎ，「それぞれの育ちの違いに気付き，違いを認め，違いに応じた関わりを模索して育ち合う」という視点を大切にした実践を展開していくことが望まれるであろう。

〈参考〉
文部科学省「共生社会の形成に向けたインクルーシブ教育システム構築のための特別支援教育の推進（報告）」2012年

第4章
3・4・5歳児の体の育ちと生活・遊び

　子どもは本来，活発に体を動かして遊ぶことを好むものである。その遊びの中で，体を動かす経験を積み重ねることで体が健やかに育つ。しかし，それぞれが好む遊びの傾向は異なり，中には体を動かした遊びに興味を示しにくい子もいる。そのため保育者が，どの幼児も「やった」「できた」といった感覚を背景に自分に自信をもつように援助することで，多様な遊びを子ども自らが積極的に楽しめるようにすることが重要である。本章では，3・4・5歳児の体の育ちの特徴と，その育ちを促す遊びの指導について事例を織り交ぜて述べる。

第1節　3・4・5歳児の体の育ちと遊び

　幼児期には，単に病気にならないだけではなく，自ら積極的に物事に関わっていこうとする心情・意欲・態度をもった体を育てることが求められる。そのため，単に特定のプログラムを組み立てて幼児に行わせ，身体面のみの発達に配慮して指導すればよいわけではない。幼児の体と心は分かれて育つのではなく，互いに関連し合った未分化の状態にある。そのため，体を育てることは心を育てることにつながり，その一方で体の育ちを支えるためには心の育ちにも配慮が必要である。体を育てるためには，遊びの中で活発に体を動かすことで多様な運動経験を積むことが重要であるが，その運動経験が幼児期の心の発達に則したものでなければ，体と心の育ち双方につながらない。また，幼児への運動の指導は，児童期以降の指導をそのまま簡単にして行えばよいというものではない。そこで保育者は，幼児期の体と心の育ちそれぞれについて特徴をとらえておく必要がある。

生活と遊びの中で体を育てる幼児期の援助とは

　ヒトの身体は乳幼児期から成人にかけてすべての機能が一定の割合で育つのではなく，乳幼児期に大きく育つ機能と青年期に大きく育つ機能

第4章 3・4・5歳児の体の育ちと生活・遊び

は，それぞれ異なる。乳幼児期から児童期初期（おおむね6～7歳）は，脳神経が急激に発達することから，特に中枢神経に関わるとされる体をコントロールする能力が育つ時期であり，その一方で，思春期・青年期は筋力が大幅に育つ時期であるといわれる。よって，幼児期に筋力を意図的につけたとしても，その効果は限定的なものにすぎない。そのため，3・4・5歳児の体を育てるためには，成人が身体を鍛えるために行う筋力トレーニング等をそのまま簡単にしたものを行えばよいわけではない。それよりも多様な動きを経験することで，体をコントロールする能力が発達する刺激が得られ，体は健やかに育つ。

また幼児自身も，走るときは持久力をつけることを目的としてトレーニングしているわけではない。セミやチョウチョを捕まえようとしたり，凧を揚げようとして走るのである。そのように幼児が体を動かす目的は自身が楽しむこと自体にあり，何か別の目的があるわけではない。ドロケイが大好きな幼児は，夏であっても額から汗を垂らしながら息を切らせて必死に駆け回るのである。大人と幼児を比べると，大人は目的があって走るのに対し，幼児は結果として走るのである。幼児の健やかな体は遊びの結果として育つものである。保育者は，それぞれの遊びによって体がどのように育つのかの見通しをもち，どの幼児も健やかな体が育つように，遊びの指導をしていくことが大切である。何かの能力を育てるためのプログラムに当てはめて幼児を活動させることは，幼児の体の育ちにおいてふさわしいとはいえない。

幼児期の体の育ちには，より多様な遊びの中で様々な動作を経験することが大切になる。そのため，幼児自身が体を動かす遊びを好み，様々な遊びに興味をもたなければ，体の育ちは保障されない。幼児には体を使って遊ぶことが好きな子どもも多いが，比較的特定の遊びを好む子どもや，体を動かす遊びを好まない子どももいる。

写真4－1　園での虫取り

ある幼児を観察したところ，登園してすぐの好きな遊びをする時間には必ず三輪車に乗り，午前中の片づけの時間になるまでずっと一人で乗り続ける姿が毎日のように見られた。一つの遊びに集中することは決して否定されるものではなく，むしろ常に遊びが転々としているために遊びが深まらないということもある。ただし，三輪車での移動のみでは運動量や経験する動作から見て体を多様には使っておらず，ほかの遊びも行って，三輪

車では経験することのない体の使い方も経験するべきである。継続して三輪車で遊ぶにしても，友達と一緒に競争をしたり，大型の三輪車であれば二人乗り等，多様な乗り方をすることで体の使い方がより複雑になる。別の幼児を観察すると，前に述べた幼児同様に朝から三輪車に乗る姿が見られたが，「A君まだ来ないかな？」と仲のよい友達の登園を心待ちにする様子が見られ，A君が登園すると二人または複数で遊び始め，あるときは鬼ごっこ，あるときは固定遊具で，ときにはそのまま皆で三輪車に乗るといったように，様々な遊びを楽しむ姿が見られた。友達と一緒であるからこそ遊びが多様になることがあり，体の育ちには仲間関係の広がりも重要な要素である。

　三輪車，固定遊具等，園にある遊具の遊び方は幼児によって異なる。初めはアスレチックになんとか登ろうと挑戦していた幼児も，やがて苦もなく登れるようになると，アスレチックを使って鬼遊びをする姿も見られるようになる。園によって遊具の使い方のルールは様々であるが，幼児本来の遊びは身の回りにある環境に関わる中で新たな遊びを発見し，さらに遊び方を工夫していく姿が見られることが多い。そのような遊びの中で，鬼に捕まらないために，すべり台を下から上へと登ることもある。すべり台は上から降りるものであるといったように大人の考えで環境と遊びを限定するのではなく，安全な利用方法を熟知して保育者が見守れば，幼児が自らの興味関心のままに体を育てることを支えることもできる。

　また，幼児が興味関心をさらに伸ばすためには，複数の環境を組み合わせることができるようになることも大切である。幼児は築山があれば頂上から駆け下りたくなるものであり，平地で自身が走るよりも速い感覚を楽しむ。速さといえば，三輪車を勢いよくこぐことで風を感じることを楽しむこともある。この二つが結びつくと幼児は三輪車を築山の頂上まで運び，さらに勢いをつけてその速さと風の心地よさを楽しむようになる。この環境の組み合わせに関する気付きは，知的な思考の結果による活動であり，このような知的な思考が行われることで，幼児の興味関心は広がり体が育つ遊びも充実していく。

写真4-2　築山

第4章 3・4・5歳児の体の育ちと生活・遊び

2 幼児期の心の発達の特徴をとらえた遊びの援助とは

　1歳を過ぎて徐々に単語を覚え話すようになると，自分でやりたいという欲求が高まってくる。2歳を過ぎると，行動範囲が広がっていくとともに好奇心も広がり，自己主張も激しくなってくる。何でも自分でやろうとする姿が少しずつ見え始め，2歳から4歳にかけては第1次反抗期を迎える。何に関しても否定的な態度をとることもあれば，甘えてそばにいたがることもある。これらを繰り返しながら心が発達していく。

　4歳頃になると，新生児の段階から行っていた周りの人のまねをする模倣とは異なり，学習して自分なりに工夫することができるようになる。これは周囲に対する観察力がつき，習得する動きが増えていく中で，周囲の状況から予測して自分なりに改良を加えて遊ぶことができるということである。

　5歳頃になると，自己中心的な世界から少しずつ抜け出し，他者との関係を理解し始める。この他者理解によって，思いやりや共感といったことが可能になってくる。また，この時期には結果から原因を推測するといったこと等，論理的な思考も段々と可能になってくる。

　幼児期の心の発達は，個ではなく集団の中で幼児同士が相互に関わることで育つものが大きく，そのためには共に遊ぶことが大切である。パーテンの発達段階を参考にすると，3歳頃までは，同じ場所で同じ遊びをしているように見えても相互の関わりはあまり見られず，道具も共有しない「並行遊び」が多い。その後，周囲への関心が増し，道具の貸し借りをしたりして一緒に遊ぶが，分業等は見られず，組織化されていない「連合遊び」をするようになる。そして，役割分担や組織化がされており，リーダーの役割を担う幼児が現れ，一緒に協同制作をしたり，目的をもって一緒に遊ぶ「協同遊び」が見られるようになる。

（1）幼児期の認知の発達の特徴と体を育てる遊びの援助とは

　幼児は，自身の体やその周りの環境の全体を大雑把に知覚するか，一部分に集中しその他の部分が知覚されないといった様子が見られる。ドッジボールで相手を当てようとする際，逃げる相手の動きに関心を向けると，ボールを投げるフォームについてまで意識は向けることができない。相手の動きを見ながらねらいを定めて投げるものの，ボールの投げ方がうまくコントロールできず，結果としてねらいとは違うところにボールを投げてしまう。また，外野に出たボールを拾いに行こうとする

場面では，とにかくほかの幼児より早くボールのところに行くことが大切であり，走り方やボールの取り方等には注意が向けられていないことが多い。そのため，ボールに全身で飛びつくような姿もよく見られる。ボールを遠くに投げるためには，腕の振り方や腰の回転等，投げるフォームが重要な要素であるが，幼児自身はそのような細かな体の動きを知覚していないことが多い。しかし，細かな動きを幼児に伝えてもまだ理解できるものではない。

　また，幼児を指導する際に言語で教示する際には，幼児の言語理解にも注意が必要である。5歳児頃になると日常的な会話での意思の疎通がほぼ成人と同様にできるようになるが，具体的な動作についての指示語等は理解することがむずかしいこともある。そこで幼児が理解しやすいように言語を選び，意味を理解しやすいよう工夫する。と同時に，特に全身的動作を含んだ活動を指導する場合は，実際に動作を見せることが重要である。

　幼児の運動能力の発達について把握するために，特定の種目を行わせる際，立ち幅跳び等では，目標物なしに「遠くまで跳んでごらん」と促すよりも，目標の線を見せて「あの線よりも遠くまで跳んでごらん」と促すほうが遠くに跳ぶことができることが多い。言語での教示だけでなく，視覚的な目標を示すことで体の使い方がうまくなるという幼児の特徴は，幼児の思考や運動コントロールが具体的な手がかりを基に行われているということを示している。

（2）幼児期の情動の発達の特徴と体を育てる遊びの援助とは

　情動とは，外部もしくは内部の刺激によって揺り動かされる感情のことであり，出生まもなくは興奮として表れる。やがて発達と共に興奮のほかにも快，不快といった情動に分化していき，さらに不快が不快と嫉妬の二つに分かれるように細分化する。

　情動が発達すると，情動の種類が分化するだけではなく，各情動を呼び起こす要因についても変化が見られるようになる。恐怖を呼び起こす要因について見ると，出生時から乳幼児初期では，騒音及び騒音を出すもの，見慣れない場所や人といった具体的・直接的な出来事が要因となることが多いが，これらは徐々に減少していく。代わって，夢や死といった想像や，間接的な伝達による出来事，概念的な出来事が恐れの対象として増えていくのである。これは，目の前にない物事についての想像力が発達した結果でもあるが，その一方で，成長と共に怖いものかどうか

第4章 3・4・5歳児の体の育ちと生活・遊び

を自分で判断し区別することができるようになり，どんなものでも恐怖するわけではなくなる，という一面の表れととらえることもできる。たとえば，幼児が節分の豆まきで鬼と対峙した際に，初めて経験をする3歳児は姿を見ただけで恐怖に泣き叫ぶが，その経験をしたことのある5歳児は鬼の中身は人のはずであるという予想や，昨年の経験からの見通しによって，冷静に対処する幼児も一部では見られるのである。

表4-1　幼児の怒りの発達　　　　　　　(%)

	3 歳	6 歳	増　減
怒ったとき足をばたばたする	77.6	52.0	減
怒ったときには床や地面の上にひっくりかえる	51.2	29.2	〃
怒ったときには泣きわめく	90.0	71.7	〃
怒ったときにはまわりの人に乱暴をする	60.5	51.4	〃
怒ったときにはじっとこらえている	41.5	52.9	増
自分の悪口を言われるとじっとこらえている	37.5	51.0	〃

日本保育学会「本邦幼児の発達規準の研究」『幼児の教育』フレーベル館，1955年より

　情動を表出するという行為は，内面の情動的緊張や興奮といったものを解消させ，情動の平穏につながるものである。また，情動の表出は幼児の心の様子の表れであり，他者に対して心の状態を発信する役割を果たすこともある。このような場合，相手に自分の心の状態が伝わったかどうかということも，情動の平穏に大きな影響を与える。母親と離れたことで不安を抱えた3歳児がその情動を表出させるとき，その情動を理解し受けとめる保育者がいることで，幼児は情動を平穏な状態にしていくのである。また，情動の表出は一方的なものではなく，相手の情動の表出を的確に感じ取り，理解し学んでいくことも乳幼児期の情動の発達には重要である。

　情動の表出の仕方は，年齢が進むにつれて変化する。怒りの表出について示した表4-1を見ると，3歳から6歳になるにつれて，ただやみくもに怒りを表出することは減少し，怒りの表出を延期したり取りやめようとする傾向が増加している。怒りや怖れといった負の情動の表出については，一般的に年齢が進むにつれて抑制されてくるといわれている。これは他者との関わりの中で学んでいく結果だと考えられ，自分の怒りを相手にぶつけてもけんかになるだけで自分がさらに不快になる，といった経験を積み重ねていくことで，事前に情動の表出を抑えることが

できるようになる。5歳児くらいになれば、こま回しなどの勝負で自分が勝ち、喜びの情動を表出したい場面でも、相手が涙していればそれを差し控えるといったことも学び、実践できるようになる。

情動は、1.生起、2.表出、3.解消という過程が繰り返されていくことで発達していく。このとき、この過程の繰り返しが、幼児の心身の発達によい影響を与えるように経験されることが求められる。強烈で過度な恐怖を感じたり、毎日のように怒りを感じていたりすれば、心身の健康への悪影響が心配され、情動の発達にとってもそれは望ましいことではない。また一方で、楽しい快の情動しか経験したことがなければ、欲求不満への対処の仕方や、負の情動の表出の仕方を学ぶ機会が得られなくなってしまう。園では、楽しいことが中心であるものの、それだけでないことを経験する機会も設けていく必要がある。

幼児はいろいろな活動の中で様々な情動的な体験をしているが、運動遊びは、特に情動的な経験の内容や量の豊富さが特徴的である。幼児が運動に興味をもって主体的に取り組み、何かをできたと感じるときには、強い喜びや楽しさといった好ましい快の情動を経験することができる。また、運動遊びは他者と関わりながら行うことも多いが、そこで何かに挑戦し達成したときは、自分でも「やった！」と快の情動を経験し、さらに仲間から「すごいね」と認められることで、他者との関係の中でも快の情動を経験することがある。運動遊び以外でも快の情動を経験することは多々あるが、運動遊びは特に短時間に、強烈に、望ましい方向で、何度も情動的な経験を積み重ねることができるのである。しかし、運動遊びで過度に失敗を重ねたり、そのことを他者に指摘される等、不快な情動を多く経験すれば、情動の発達も望ましくない方向へと偏ってしまうことが予想される。

運動遊びの中での情動的な経験を望ましい情動の発達に結びつけるためには、その経験を適切な方向に導くよう指導する必要がある。快の情動を経験しているのであれば、声かけや態度でその経験を共に認め強化し、新たな運動に積極的に取り組むことができるよう援助していくことが大切である。不快な情動を経験した場合は、その経験を何度も繰り返すことのないように、幼児と共に不快な要因を取り除いたりして、不快な情動の経験と運動経験が強く結びつかないように配慮していく必要がある。

乳幼児期の情動の発達には、まずは興奮や緊張といった情動を十分に表出できるようにしてやることが重要である。他者から抑圧され、本来

第4章　3・4・5歳児の体の育ちと生活・遊び

の情動を表出させることのできない環境では，幼児自身がどのような情動をもてばよいのか分からず混乱することが考えられ，情動の発達に支障をきたすであろう。

　言語で自己の内面をすべて表現することのできない乳幼児にとって，情動の表出は有力な自己主張の手段である。自己の情動を表出することで，まずは自己の意思を他者に伝え，他者の情動の表出から他者の主張を理解する。5歳児であれば言葉で話し合って解決することが常である内容であっても，3歳児は互いの情動を表出し合い，ときにはつかみ合って自己主張するという姿も見られる。自己の情動の表出を，他者がどのように受けとめたかという経験を積み重ねることで，やがて適切な自己の情動の表出の仕方や，他者の情動をくみ取ることを学び，さらには自己の情動の言語的な表出や，他者の情動の表出に対する適切な対応を身に付けていくのである。先にも述べたとおり，運動遊びは他者との動的なやりとりの機会が多く，情動の発達には有用であるが，そこでどのような情動を経験しているのか，ということに指導者は気をつけていかなければならない。

　どのような刺激でどのような情動が生起されるか，そしてその情動をどのような形で表出するのかを，幼児はモデリングで身に付けていくことも多い。モデリングにおけるモデルとなるのは，幼児の周囲の他者であるが，両親や仲間の存在もさることながら，園では保育者の場合も多い。そのため，保育者の運動遊びでのふるまいや，情動が安定しているかどうか，情動の表出の仕方，ほかの幼児の情動の表出にどのように対応しているか，といったことが幼児の情動の発達に影響を与えると考えられる。そのために保育者は，自ら積極的に運動遊びに親しむ姿を見せ，その中でたくさんの喜怒哀楽を自然に表出させ，どの幼児の姿にも共感し受けとめる姿勢を見せることが，幼児のモデルとして必要である。

（3）乳幼児期の自己概念の発達

　まず，ここで取り扱う自己概念とは，自分自身をどのようにとらえているかという自分についての知覚，つまり自分自身についてのイメージのことを指す。そして，ある環境の中で人がどのような行動をするかということは，その環境と自分との関係をどのように認知するかという，自己概念に大きく規定されると考えられている。このように人格の中核となる自己概念は，個人の行動傾向に大きく影響する。

　新生児や乳児は，環境と自分とを区別しておらず，自他が未分化な状

態であるとされる。それから自身の身体に気付き，やがて環境そして他者との違いが区別されるようになっていく。自己の身体と環境との境界がはっきりしてくると，知覚的に両者を識別し，やがて自己というものを意識することができるようになってくると考えられる。1歳前後の幼児は環境と自己との区別がまだはっきりとしていないため，自分の手や足をまるで自分の身体の一部ではないかのようにじっと見つめたり，何度もさわったりする姿が見られる。この時期は，身近なものを手に取ることができるようになると，手に触れるものすべてを口に入れて感触を確かめる。その中で五感を通じて得られた情報から，自分の身体であれば感じることとそれ以外の環境からは感じないことの違いや，自分の意思で動かすことができる自分の身体とその他のものとの違いから，自他の区別がついていくのである。

　身体的な自己が形成されているかどうかは，鏡に写った自分の身体にどのように反応するかによって調べられている。まずは鏡の中の他者のことが分かるようになり，その後，鏡の中の自分について尋ねられると答えられるようになる。つまり，先に他者の存在を認知し，その後に自分自身を認知するのである。身体的な自己は，自生的なものではなく，他者の存在や他者との接触によって発達するものといえる。そして身体的自己は，頭，肩といった各部位がどこにあるか，という位置関係の認知へと発展していく。

　身体的な自己が形成された上で，幼児期になるとそれは身体運動的な自己概念へと発達する。幼児期は身体活動を伴った運動場面で，「できた」という快の情緒が生起しやすく，そのことが自己概念の発達に大いに影響する。これは，大人のように行動の領域が広くない幼児にとって，運動行動が中心的で重要な位置を占めているためである。

　運動遊びが得意な幼児は，運動に主体的に楽しんで関われるだけではなく，仲間や保育者，保護者といった周囲の人々から認められ，受容されることによって運動遊びに満足感を得ることができ，運動好きになる。そして，自分は運動が上手にできるという運動有能感をもち，肯定的で安定的な自己概念が形成されていく。なお，ここでの「運動遊びが得意な子ども」とは，運動能力が他児よりも抜きんでてよいということや，何か特別な技能をもっているということではない。客観的に自己と他者の運動能力を比べているわけではなく，自分自身が運動を得意と思うかどうかということである。幼児期でも5歳児等にはそれまでの経験から運動を苦手と思う幼児もいるが，一般的には皆が運動遊びを得意と思う

第4章 3・4・5歳児の体の育ちと生活・遊び

ことができる時期である。そして、運動遊びが得意で自信をもつ幼児は、運動場面以外の様々な場面でも自信をもち、仲間とも協調し積極的・活動的に行動できるようになると考えられる。

ただし、運動をすること自体が、自己概念の発達に影響しているわけではないということに注意したい。運動遊びをすれば、どんな内容であっても望ましい自己概念が形成されるわけではない。運動を苦手と思う幼児も中にはいる。そのような幼児にとって、運動遊びはなかなか楽しめるものではない。また、自由遊びの時間に、仲間にも受け入れられずに過ごすといったことも考えられる。そのことを保護者や保育者といった周囲の大人から「鈍い」「できない子」と評価されることは幼児にとってつらいことであろう。このようなことを経験すれば、運動に対する興味も薄れ、自分自身のことも「運動ができない」「他のことをしてもうまくいかない」「だからこそ始めからやりたくない」といった運動無力感をもつようになる。運動無力感をもつことによって、否定的で不安定な自己概念が形成されていく。このような自己概念が形成され劣等感が強くなると、日常の行動が消極的なものになるのである。運動遊びが自己概念の形成に与える影響は、幼児が運動遊びでの経験によって、運動有能感をもつのか運動無力感をもつようになるのかによって大きく変わるのである。

図4-1に示されるように、幼児が有能感をもち肯定的な自己概念を形成すると、運動が好きになり様々な運動に挑戦するだけではなく、協調性や積極性、自信といったものが高くなる傾向があり、園での生活も

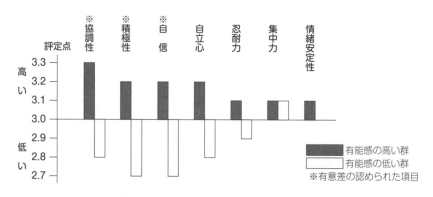

図4-1　行動評定点の比較

園で継続的に行われている運動遊びの有能感の高い男児と低い男児の教師による行動評定点の比較

杉原隆「幼児の運動あそびに関する有能さの認知とパーソナリティの関係」
『体育学研究』(30) 1，1985年より作図

いろいろなことに積極的, 意欲的に取り組むようになる。

　これまで述べてきたことをまとめると図4-2のようになる。行動傾向には, 運動遊びが直接影響するのではなく, 有能感・無力感を介することで影響がもたらされる。そして, 運動遊びと自己概念の関係は循環関係になっており, 積極的・活動的で運動好きな幼児は, 運動する機会を多くもつようになる。その経験によって運動遊びが上手になってさらに有能感が高まるのである。逆に劣等感をもち消極的で運動嫌いな幼児は, 運動遊びを避けるようになる。運動経験が増えなければ運動遊びがうまくなるということや,「できた」という感覚を経験すること, そして他者からの肯定的な評価を受けることも少なくなり, 無力感を抱いたままになる。

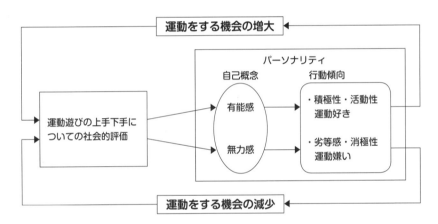

図4-2　運動経験と自己概念およびパーソナリティの関係についての模式図
　　杉原隆「幼児の運動あそびに関する有能さの認知とパーソナリティの関係」
　　『体育学研究』(30) 1, 1985年より作図

　幼児期に「できた」という有能感は運動の中で経験される。これは, 多種多様な生活領域をもつ大人とは異なり, 生活の中における運動の価値がひじょうに大きい幼児期の特徴である。運動遊びを指導する際に保育者は, 他者との比較をしたり, 個人的な勝ち負けを強調するといった指導にならないように注意が必要である。どの幼児も有能感を高められるように, 運動遊びの内容の検討や声かけ等, 様々な配慮を心がけることが大切である。

第4章 3・4・5歳児の体の育ちと生活・遊び

第2節 3・4・5歳児の体を育てる遊びを考える

1 3・4・5歳児の体を育てる遊びとは

(1) 遊びのバリエーションと様々な動きの経験

　体を育てるためには，体を動かす遊びを経験することは言うまでもなく，毎日，テレビゲームをはじめとする室内遊びのみを行っていては体は育たない。戸外遊びを中心に体を動かすことが重要であるが，戸外遊びと一言で言っても運動量が多い遊びや，じっくりとイメージをふくらませる遊びなど様々である。

　まず運動量の多い遊びをいくつか挙げると，氷鬼，高鬼，色鬼等，広いスペースを使って駆け回る鬼遊びがある。ルールや遊び方は異なるが，幼児の姿を見るとどの遊びも走る姿が中心となっている。一方でボールを使った遊びでは，ボールを蹴って遊ぶサッカーに近い遊びが見られることもあれば，ドッジボールのようにボールを投げ合う姿も見られる。走る，蹴る，投げるといった動きは，遊びによって経験されやすいものとそうでないものがある。たくさん走っても，ボール投げが上手になるということはないので，できるだけ様々な遊びを行うことで多様な動きを経験することが，幼児期の体を育てるためには重要である。

　氷鬼のように走る動きが中心になる遊びも，少しルールを変化させることで経験も異なってくる。氷鬼は鬼に捕まった子どもが氷になり，捕まっていない幼児が氷にタッチすれば，捕まっていた子どもがまた逃げられるというルールが一般的である。これを，捕まった子どもは足と手をその場で大きく広げて，氷ではなく木になるようにする。そして捕まった子どもを助けるためには，タッチするのではなく，捕まって木になっている子どもの足の間をくぐるようにルールを変える。氷ではなく木になるので木鬼と呼ぶが，この少しのルールの変化によって幼児は「くぐる」という動きを経験しやすくなる。ほかにも捕まったときはしゃがんで丸くなって団子になり，助けるときには団子をまたぐというルールの団子鬼にすれば，「またぐ」という動きが見られるようになる。

　ルール以外にも，図形を変えることで遊びは変化する。伝承遊びの中にひょうたん鬼という遊びがある。ひょうたんの形に線を引き，鬼は線の外側からタッチしようとするので，子どもはタッチされないように線の内側を逃げるというものである。タッチされたら，外に出て鬼の仲間

になるとしてもいいだろうし，鬼を交代することにすればずっと続けることもできるだろう。しかし，この遊びは図形が大きすぎると，内側の中央に子どもが全員逃げて，鬼の手が誰にも届かず遊びが成立しない。人数に対して図形が小さすぎると，線の中でぶつかってしまいケガを招く。皆で楽しく遊ぶためには，人数に合わせて図形の大きさを変えなければならないが，どうすればいいのか幼児同士で考えていくことも重要である。また，ひょうたん鬼だからといって，図形をひょうたんの形にする必要はなく，色々な図形を考えて遊ぶことで，経験する動きも変化する。このように遊びはルール，人数，図形といった要素を少し変化させることで，幼児の経験をより豊かにすることができる。

写真4-3　ひょうたん鬼

（2）遊びの中での運動量と運動の質　―遊びの中の待ち時間―

　走ることが中心となる遊びには鬼遊びのほかにもリレーなどがあるが，鬼遊びとリレーでは遊び方に大きな違いがある。鬼遊びは，捕まらない限り自分の意思で体を動かすことのできる時間が多いが，リレーは自分の走る番が回ってこない限り静止して待つことになる。どちらの遊びが望ましいかということではない。リレーのようにチームで勝敗が分かれる遊びであればこそ，勝つことの嬉しさや負けることの悔しさを感じることができる。しかし，体を動かす遊びの中に，運動量がまったくない時間もあることを踏まえておくことは必要である。

　一方で，常に運動量が保障されていれば，幼児の体が育つとも限らない。幼児の体の発達を総体的に考えると，大人と同じように持久力を鍛えることは幼児期の体の発達にはそぐわない。幼児に持久力を鍛えるためのトレーニングをしたとしても一時的に効果は見られるが，青年期になって幼児期にトレーニングをしていたかどうかの差が残ることは確認されていない。これは，能力にはそれぞれ大きく発達する時期があり，幼児期は持久力や筋力等ではなく，調整力等が発達する時期であることが要因である。そのため，持久力を求めるマラソンを幼児に行うことは，体の発達に寄与するものではない。マラソン大会を行う園も全国に多数あり，その価

写真4-4　リレーでの待ち時間

第4章 3・4・5歳児の体の育ちと生活・遊び

値として幼児のがまんする力や体が強くなると主張されることがあるが，そのような効果が一時的にもまったくないとは言いきれないものの，幼児期の体の本質的な発達を支えるものではない。幼児にとって，生きる上で必要な持久力や筋力は，遊びの中で体を動かしていれば自然に身に付くものである。そのため，幼児期の体を育てるためには，幼児が運動遊びをすることが重要なのである。

2 園環境と体を育てる遊びを考える

(1) 体の育ちを支える固定遊具・総合遊具のとらえ方

固定遊具・総合遊具も様々な動きを引き出すものであるが，各園によって形状や使い方は異なる。幼児が経験する動きを考えると，遊具ごとに遊び方を決めるのではなく，様々な関わり方が認められることが望ましい。しかし，すべり台は下から登ることを，安全性の視点等から禁止している園も多くある。ほかにも，ブランコも複数人で乗ってもよいとするかどうかは，園によって異なる。このような場合，すべり台を下から登る際に経験される這い上る経験を，ほかの遊具や遊びで経験することができるよう保障する配慮が必要である。板や木を斜めに張りつけた遊具があると，幼児は這い上ることを経験できる。また，大型のアスレチックやジャングルジム等を必要に応じて配置することで，木登りで経験するような動きの一部を体験できるようになる。

写真4-5　すべり台

写真4-6　アスレチック

(2) 体の育ちを支える戸外遊びのとらえ方

幼児の興味や遊びは多岐にわたり，常に幼児の選択する遊びが運動を

伴う遊びとは限らない。体を育てるためには，全身を使った運動遊びを十分にすることが重要であるが，運動遊びとはとらえにくい遊びでも，幼児は戸外で体を多様に使って遊ぶ姿が見られる。虫取りをする幼児を見ると，飛ぶ虫を追いかけるために走り回り，ねらいを定めて虫取り網を振りかぶる様子がうかがえる。また砂場では，大きな山をつくるために何度も何度もスコップで砂を掘り返す子どももいれば，バケツに水をたっぷりとくみ，こぼさないように慎重に運ぶ子どももいる。そのような中で体をコントロールしながら遊ぶことが体の育ちを支える。

　いわゆる運動遊びのみではなく，体を動かすすべての遊びによって体は育っていく。体を育てるためには，それぞれの遊びで，体を動かす遊具等の物的環境や仲間づくり，また保育者の声かけといった人的環境への配慮が必要になる。幼児によっては体を動かさない遊びを好む子もいるため，どの幼児がどのような遊びを日常的に経験しているかをよく把握し，体を動かす経験が個人の中で過度に偏らないようにしなくてはならない。

　戸外遊びでは，その日の気温や風，そして水の冷たさ等，室内遊びでは感じられない要素が多くある。体を育てることは全身を使う運動が中心になるが，その中で五感が刺激されることも大切である。特に幼児期に室温の管理された環境のみで生活すると，汗腺の発達にも影響し，適切に汗をかきにくくなることで体温調整がむずかしくなることもある。戸外で遊ぶことによって得られる感覚を大切にしたい。

（3）室内での体を育てる運動遊びとその支援

　雨天の際や梅雨の時期には戸外で遊べないこともある。幼児の体を育てるためには，室内だからといって動きを伴わない静かな遊びばかりをするのではなく，体を使った遊びを盛り込むことも必要である。ただし，室内は戸外よりもスペースの制限があり，ダイナミックに遊ぼうとしても，限られた保育室で走り回ったりすればけがを誘発することが懸念される。そこで室内ならではの体を使った遊びを，保育者が導いていくことが求められる。

　鬼遊びでも，走り回るのではないようにアレンジをしていくことで，室内でも全身を使った遊びをすることができる。ぺったん鬼を例に挙げる。鬼も子どもも床に座って，お尻をつけたまま追いかけっこをし，捕まった子どもはその場で手足を伸ばして寝転がり助けを求める。助けにきた子どもは捕まって寝ている子どもを起こしてやることで助けるとい

第4章 3・4・5歳児の体の育ちと生活・遊び

写真4-7　室内での遊び

うルールである。この遊びであれば，幼児たちがぶつかることもなく，汗をかくほどの運動量と這う動きや寝転がる動きを引き出すことができる。また，ふだんは戸外で遊ぶドッジボールも，幼児たちと新聞紙を使ってボールをつくれば，室内でも楽しむことができる。室内であっても遊びの内容や道具を工夫することで，幼児が体を動かして遊ぶことができるようになる。

第3節　3・4・5歳児の運動遊びの指導の実際

1　遊びの指導と運動技術の指導

（1）遊びが幼児に及ぼす影響

　幼児が自ら遊ぶとき，「あとで水遊びもするから，疲れないように午前中はほどほど遊んでおこう」というように調整することはない。雲梯にぶら下がるのみの単純な遊びでも繰り返し行い，ほかの遊びに魅力を感じたり，疲れるまで体を動かして遊ぶ。梅雨の時期に雨天で戸外に出られず，体を動かす遊びが十分に保障されない日が続くと，幼児は落ち着きがなくなり，仲間同士のトラブルなども増える。幼児にとって，身体のエネルギーを発散させる重要な手段が体を動かす遊びであり，体を動かす遊びを十分に行うことで，幸福感や満足感が得られる。
　また，体を動かす遊びをすることによって様々な発達が促される。幼児期は運動能力，特に運動をコントロールする能力の発達が著しい時期であることから，運動経験の量や内容が発達に与える影響は大きい。特

定の遊びだけではなく様々な遊びに興味をもち，その中で多様な運動経
験を積んでいくことによって，身体諸機能と運動能力の調和のとれた体
の発達が促される。

　体を動かす遊びを行うためには，その遊びを行うことができるだけの
身体的能力が必要であるが，それだけではなく，体を動かそうとしたり，
継続しようとする意欲や，遊びの中での危険を回避する注意力等，心の
面も必要となる。幼児は自分の獲得した能力を使うことで，次の段階の
能力の獲得を図っていく。そのためには，自立心や気力，忍耐力等が必
要である。幼児は好奇心旺盛で探索的であり，その欲求を満たすために
体を動かそうとする。その中で工夫も生まれ，さらに能力が高まってい
く。このように，幼児期は体を動かす遊びを通して望ましい態度や行動
を支える能力が養われていくのである。

　体を動かす遊びには，個で遊ぶものと集団で遊ぶものがある。個で遊
ぶ場合であっても，三輪車等は貸し借りのやりとりが必要になり，アス
レチック等の大型固定遊具は共用しなければならないことが多々ある。
また，ブランコは順番を守って使うことが求められる。5歳頃になると
集団的な遊びを楽しむことが多くなり，集団でルールを共通理解し，協
力して遊ぶようになる。遊びの中で他者と関わることによって，協力，
きまり，役割等を体験し理解することができるようになる。

　体を育てるというと，身体的な能力や技能を高めることばかりが注目
されがちであるが，幼児期は，運動ができる身体的な能力を基盤にし，
体を動かす遊びを通して全人的な成長が常に行われることを重視しなく
てはならない。

（2）幼児の遊びの指導の必要性

　これまでに述べたように，幼児の生活する環境が変化する中で，幼児
が体を動かす機会が減っていると懸念される今，保育者が体を動かす機
会を積極的につくっていかなければならない。園の中で特定の時間に運
動指導をすることもあるが，その時間だけでは幼児にとって十分ではな
い。文部科学省の幼児期運動指針では，毎日合計60分以上体を動かす
遊びをすることが望ましいとされている。限られた特定の活動の中だけ
ではなく，日常的に園や家庭でより多くの体を動かす遊びを行うことが
大切である。

　その上で幼児への遊びの指導とは，幼児自身がより多く体を動かした
いと求めるようにするためのものであり，幼児にいろいろな楽しい遊び

第4章　3・4・5歳児の体の育ちと生活・遊び

があることを知らせることである。

　また，遊びの指導を通して，幼児の抱える問題や課題を解決するということが考えられる。幼児は体を動かす遊びを通して多くのものを学習するが，望ましい態度を養おうとしたり，性格上の課題を少なくしていこうとするとき，体を動かす遊びを通して指導すると効果的である場合が多い。

　たとえば，自信がない，消極的な傾向が見られるといった課題のある幼児に対し，その子どもの身体的能力に適した体を動かす遊びを取り上げて指導し，その遊びを得意なものにした結果，日常生活においても自信をもち，積極的に行動するようになったという事例もある。

　幼児に対する遊びの指導は，幼児の自発的な体を動かす遊びを引き出すものであり，また，幼児が抱える課題の解決のためのものであるという二面からとらえていく必要がある。

（3）幼児期の運動遊びの指導上の配慮とは

　幼児が自発的に体を動かして遊ぶように指導する際にも，幼児が抱える課題の解決のための指導であっても，幼児自身にとっては体を動かす遊びを提案され，その遊びを学習するということである。遊びを学習する際，個々によって様々な要因が影響するが，心身の発達の段階，それまでの運動経験や運動能力，動機づけ，知能，年齢，性等が影響すると考えられる。これらの要因は，成人にまで影響するものであるが，幼児期にはそれぞれの要因について十分な配慮をしなければならない。特に年齢，性を除けば，幼児は個人差が大きく，留意すべきことが多い。

　同年齢，同性であるからといって，同じ遊びを同じような活動の仕方を期待して保育者が提案することは問題が多い。個々の幼児の遊びの経験の仕方が異なり，遊びの学習の仕方もそれぞれ独自のものであり，画一的なものではない。年齢が低くなればなるほど画一的な指導は効果的ではない。

　体を動かす遊びそのものが，幼児にとって総合的な活動である。幼児一人ひとりの反応の仕方はそれぞれの生活の反映であり，体を動かす遊びを学習しようとする動機づけも様々である。園での体を動かす遊びの指導は，小学校の教科「体育」とは具体的なねらいにおいても異なる。小学校では，一年生では運動遊びから始まるものの，学年が上がるにつれてボール運動，水泳といったような各運動技能の習得につながる指導の体系にのっとって6年間の指導がされる。そのため各学年に到達目標

もしくは技能水準があるが，幼児期は，それぞれの幼児によって一定の
到達目標や技能水準を設けるわけではない。

　指導内容の偏りにより，小学校での体育の学習ができないことはもち
ろん望ましくないが，そのためのレディネスとして幼児期には，体を動
かす遊びが好きであること，いろいろな体を動かす遊びを経験している
こと，体を動かす新しい遊びでもやってみようとする態度ができている
こと，といった点が指導されていなくてはならない。

　幼児に対する指導で注意すべきことは，特定の技術指導にならないこ
とであり，さらに段階的指導にこだわるべきではないということである。
順番に，ある段階ができたら次の段階を指導するということではない。
幼児の場合は，特定の高度な技能が身に付いているように思えても，もっ
と低い水準の技能が身に付いていないことがある。

　幼児の体を動かす指導には，個人差を重視することがひじょうに重要
である。個々の広い意味でのパーソナリティーの把握がされていなけれ
ば指導の的確さがなくなり，幼児自ら体を動かす遊びに取り組むよう指
導することもむずかしくなり，望ましい人格形成と結びついた指導にも
ならないといえる。

2 幼児に必要な遊びの指導と運動技術の指導

（1）日常の生活と好きな遊びを通しての指導とは

　体を動かす遊びをより高度に発展させていくためには，体を目的のた
めに上手にコントロールしていくことが求められる。ボール投げをして
いて，相手まで届かなかったのでもっと遠くに投げたいという思いから，
次ページ図4-3に示すように，脚の動きがない投げ方から脚の動きが
ある投げ方へ変化していく。自ら気付くこともあれば，遊びの流れの中
で「こうして投げてみると遠くに飛ぶよ」と保育者が見せることで，体
を上手に使えるようになることもある。投げ方は決められているわけで
はなく，ボール投げであろうがドッジボールであろうが，まずは幼児が
思うままに投げてみることが大切である。

　一方でスポーツの動きであれば，どんな投げ方でもいいというわけで
はない。野球における投げる動きは上手投げが基本となっており，どん
な形でもよいから遠くに投げようとすればいいというものではない。こ
のように，決まった形のあるものが運動技術であり，運動技術の指導も
スポーツに取り組む上では必要になってくる。年齢と運動機能の発達に

第4章 3・4・5歳児の体の育ちと生活・遊び

ついては第2章（21〜39ページ）で示しているが，その内容からも，決められた形での指導が幼児期に適切とはいえないことが分かる。運動技術の指導を適切に受け手が生かしていくためには，身体面だけではなく，指導の内容が理解できる知的な発達も影響してくるため，早くとも小学校以降に行われるべきものである。

　小学校の授業で鉄棒があるので，早めに指導して身に付けさせようとすることは幼児の発達の実態を考えていないことになる。しかし，保育者が鉄棒に親しみをもてるように園に設置し，生活の中で関わっていれば，自ら鉄棒で遊ぶ姿も見られる。幼児の中には，鉄棒の逆上がりに挑戦する子も見られるが，持ち手は順手と逆手どちらが適切であろうか。それには答えはなく，本人がやりやすいと感じる方法でよいのである。どのようにもてば自分がしたい体の動きができるようになるのか，試行錯誤していくことも学びであり，その経験が鉄棒だけではなく木登りや固定遊具で遊ぶ際にも自然と生かされていく。

　ともあれ特定の運動技術を効率的にいつまでに習得させるという視点が，幼児の発達から離れた指導につながってしまうのである。また，遊びの中で，遊びとして，幼児に特定のスポーツ種目を念頭に指導してい

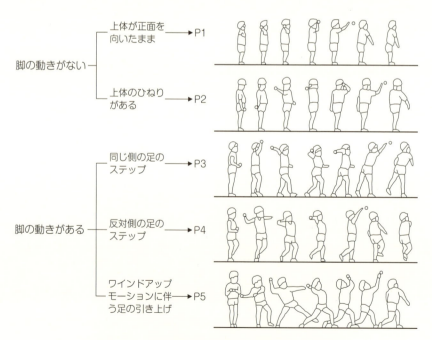

図4-3　投動作様式の発達と観察的評価の手順

中村和彦ほか「幼児の投動作の発達とその評価に関する研究」
『筑波大学体育科学系紀要』(10), 1955年より

ることが見受けられることもあるが，結果として見れば，特定の体の動きを運動技術の指導として教えていることになっていることが多々ある。

（2）園行事と運動遊びの指導とは　ー運動会の指導を通してー

　全国の園を見てみると，運動会が年間行事にない園を探すことのほうがむずかしいのではないだろうか。それほど一般的な行事であり，園の中でも重視されているという調査が見られる。園で行われるものである以上，運動会の内容は幼児の発達に合ったものでなくてはならないことは言うまでもない。特定の競技を見せることで保護者が感心し，成長を感じるということは想像できるが，運動会は保護者をはじめ大人のために行うものではなく，幼児のためのものである。近藤は，1950（昭和25）年発行の『体育大辞典』を基に，運動会について「幼稚園の運動会は日頃の保育における幼児の運動的活動の姿を多数の人々の前に展示し，保育の反省と幼児の発奮の機会とし，幼児，教師，両親，その他の関係者が一場に会して楽しく時を過ごすとともに，一体感を体験して親和を深めることを目的とする」[1]と述べている。このような視点から運動会を考えると，園外に日々の保育を発信し，園内で保育を省みる場になるものであるととらえられる。ともすれば，幼児がふだんの遊びで取り組むものではなく，運動会のために練習して披露する演目は，幼児教育において適切とはいい難い。もちろん非日常的な行事であればこそ，ふだんは用いない衣装等を使うこともあるだろうが，幼児が披露する内容自体は日々の遊びの延長として準備されるべきである。運動会でマットを使った演目があったとして，マットは転回運動のみを行うためのものではなく，跳ねたり，つかまったりと様々な遊び方が示されてこそ，日々の園での保育内容が分かる場になる。

　どのような内容にするかは園によって異なるだろうが，運動会が近づいてきたからその種目の練習を行うということでは，日々の保育との連続性がないことになる。たとえば，5歳児のリレーが目玉競技になることがある。1学期からリレーが幼児らの中で体を動かす遊びとして盛り上がっていたのであれば，種目の一つとなるだろう。しかし，運動会が近づきリレーを種目として行うことが決まったので，幼児に運動会に合わせて練習の場を設けて繰り返し行うということでは，日々の保育とかけ離れている。種目ありきで運動会を考えるのではなく，体を動かすどのような遊びが幼児に親しまれているのか，ということから内容を検討することも必要である。

第4章 3・4・5歳児の体の育ちと生活・遊び

写真4-8 運動会

3 遊びの指導のポイント

(1) 遊びから得られる経験とは

　指導する遊びをすることで，幼児が何を身に付けるのかを見通しておさえておかなければならない。まず，どのような運動能力が求められる遊びであるかをとらえる。徒競走であればおもに走るための能力が求められるが，鬼ごっこでは走るための能力に加え，鬼をかわす動きや，しゃがむ動き等，姿勢を制御するための能力が求められる。幼児の実際の動きをとらえることが大切である。そして各遊びをうまくできる子どもはどのような運動能力に長（た）け，うまくできない子どもはどのような運動能力が劣るのか把握する。

　各遊びが，ほかのどのような遊びと類似しているのかという視点も必要になる。類似した遊びばかり行っていては，運動経験の広がりにつながらないためである。さらに，ある遊びをうまくできない子どもは，ほかにどのような遊びもできていないのかを明らかにすることで幼児理解が深まる。

　遊びごとに必要とされる心理的側面もとらえる必要がある。継続する忍耐力が必要であるか，注意深さが必要であるかといったように，その遊びをするために必要な心理的側面を明らかにすることで，その遊びでどのような心理的側面が育つのか，また，その遊びをうまくできない子はどのような心理的側面を今後育てていかなくてはならないか，をとらえることができる。

　遊び以外の生活の中で保育者が指導していることと，遊びの中で経験することの共通性にも注意したい。数を数える，言葉でのやりとりで仲

間と互いに意思を伝える等，保育室での活動で経験することが，遊びの指導でもすることができるかどうかを検討する必要がある。

　一斉活動と自由遊びとのバランスや連続性も保たれるべきである。保育者が特定の遊びを取り上げてクラス全員の幼児に経験させることによって，自由遊びにおいて，遊びの内容や遊び方が発展することがある。そのため，それらがどのように発展するか考えることが重要である。ただ，その際に注意しなくてはならないことがある。一斉活動は概して保育者の話を聞く時間が長くなり，実際に遊ぶ時間は思いのほか少ないことが多い。その限られた時間で遊び込み，何かを習得することはむずかしい。すべてにおいて全員にというのではなく，幼児自身が楽しんで行えるものであることを前提に，自由遊びで見られる遊びでは欠けている経験や伸ばしにくい身体的側面，心理的側面を指導することをねらいとして遊びを指導することが大切である。

（2）具体的に配慮すべきこと

　まず，遊びに使う道具をできる限り豊富に用意することが望ましい。幼児には投げにくいと思われるような大きなボールでも，蹴りやすいということもある。遠くにものを投げたいと思うときには，軽いボールよりもある程度重さがあったほうが投げやすい。このようにボールだけ見ても，大きさ，重さ，素材等が多様であるほうが遊びの幅も広がる。これは何も高価な遊具を集めるということではなく，新聞紙を丸めてビニールテープで補強してボールにしてもよい。身近にあるものを遊びの道具として活用していくことが大切である。

　また，むやみに幼児を待たせる時間が長くならないように配慮すべきである。待ち時間が長ければそれだけ遊ぶ時間がなくなることは言うまでもないが，集中している気持ちが途切れ，遊びへの興味関心が損なわれることもある。戸外で遊びの指導をしていると，待ち時間が長くなればなるほど，砂いじりをしている幼児の姿が多く見られる。砂をさわってはいけないと注意するよりも，遊びへ集中できるよう配慮することが必要である。なお，この待ち時間が長いか遅いかは，実際の時間というよりも，幼児の気持ちによる。チーム対抗の遊びをしているときに，実際はチームの中の1人が入っていてほかの幼児は待っている状態であったとしても，必死に応援している場合は，幼児自身は待ち時間とは感じないものである。

101

第4章 3・4・5歳児の体の育ちと生活・遊び

写真4-9 運動遊びの様子

　遊びの内容については，静的な遊びばかりに偏らないように配慮する必要がある。幼児に経験させたい遊びの中には，移動があまり伴わず，運動量が少ない遊びもある。そのような遊びばかりであると幼児の興味も続きにくくなる。そこで，一定時間遊びを指導する際は，静的な遊びと動的な遊びとのバランスを考え，いくつかの遊びを取り上げることが望ましい。その際，多くの幼児がやり方が分かる水準の遊びを選び，その遊びをひたすら繰り返すのではなく，鬼遊びであれば鬼の数やルールを変えることで，幼児が新たな遊びに関われるように配慮していく。また，勝ち負けのつく競争的な遊びばかりにならないようにすることも必要である。勝負の結果よって喜びを得たり，自分の能力について認知される経験ばかりであれば，勝つことが遊びの目的になり，負けた際には自己の否定的なイメージにつながりかねない。遊ぶこと自体が楽しいと思えるように指導し，どの幼児も自己に対して肯定的なイメージをもつことができるよう配慮しなければならない。競争的な遊びの中にリレーがあるが，リレーで勝つためにはどのように協同するかということを幼

児自身が導き出すことはむずかしく，負けた際にその要因となった幼児が責められるということも予想される。勝ち負けだけを取り上げるのではなく，個々に精一杯走りバトンをつなげていく楽しさを感じられるように指導すべきである。それでも勝敗の決まる遊びは，勝つ楽しさを味わうことや，負けた悔しさを知る重要な機会にもなるため，それらが偏らないようにチームや走る順番を変えるといった工夫もすべきである。

　遊びを保育者が幼児に説明する際には，その説明が長くなり過ぎないようにも配慮すべきである。説明が長くなる遊びは，幼児自身が理解することがむずかしい遊びであるといえる。また言葉だけの説明では，幼児は遊びの内容を理解できず，困惑することも多い。保育者が見本を見せたり，幼児と一緒にデモンストレーションをして，視覚的に説明することも必要になる。

写真4-10　運動遊びの説明を聞く

（3）自由遊び（好きな遊び）の指導

　自由遊び（好きな遊び）でも，保育者が指導することで体がより望ましく育つが，その際は一斉活動の指導とは異なる配慮が必要である。まず保育者は幼児の遊びを観察し，遊びの内容とその遊びに主として使われる身体的側面及び心理的側面を踏まえ，その子の遊び方から運動能力や行動全体について的確に把握して，課題をとらえなくてはならない。

　仲間との協調性や社会性，衛生に関することも観察が必要である。また，幼児に指示をするのではなく，「恐かったら助けるからね」といったように安心して遊ぶことができるように，個々に合わせて助言や助力を与えることも求められる。

　さらに，自由遊びであればこそ，遊びが個々によって偏ることも予想されるため，ふだんは興味をもたない遊びであっても保育者から誘いか

け一緒に遊ぶ等して，遊びの種類が豊富になるように配慮する。

そして，常に保育者がついて遊ぶわけではないため，幼児のみで遊んでも危険のないように，遊具の点検には十分気をつけるとともに，幼児自身で身を守れるように危険な遊び方をしないように指導することも必要である。

写真4-11　自由遊びの様子

① 運動遊びと幼児期の知的発達との関連について述べよう。
② 現代の保育において幼児の運動能力を向上させるための方策を述べよう。
③ 幼児の有能感を高めるためには，保育者はどのような配慮をすべきか述べよう。

引用文献
1 近藤充夫『幼児のこころと運動——その発達と指導』教育出版，1995 年

参考図書
◎ デビット・L・ガラヒュー『幼少年期の体育——発達的視点からのアプローチ』杉原隆監訳，大修館書店，1999 年
◎ 近藤充夫『幼児のこころと運動——その発達と指導』教育出版，1995 年
◎ 無藤隆『幼児の心理と保育』ミネルヴァ書房，2001 年

子どもと家族と共につくる運動会
～のびのびと活動する子どもの姿を求めて～

　園行事の中で，運動と密接につながっているのは運動会である。リレーや綱引き，ダンスにゲーム等，青い空の下，子どもたちのがんばる姿と，その姿を応援する家族の歓声が響きわたる行事である。

　筆者の働く園の運動会は，15年ほど前から少しずつ変わりつつある。保育者主体ではなく，「子どもたちが楽しむ運動会」「家族も参加し，子どもの成長に気付く運動会」「結果ではなく，運動会前後にたくさんの経験と育ちが込められている」等を視点として考えるようになった。

　取り組みを変えるきっかけとなる少し前までは，運動会前の幼稚園では「早くならびなさ～い！」「２列ならびで！」「暑いけど，がんばる！」「横向かないで～」等の保育者のかけ声が飛び交っていた。残暑厳しい太陽の下，保育者も真っ赤な顔をし，子どもたちも真剣な顔で日々の練習に取り組んだ。運動会当日には，組み立て体操がピタッと決まり，目頭が熱くなることもあった。そして親からも「真剣にがんばる子どもの姿に感動した」「幼稚園児なのにこんなにしっかりとしていて，小学校よりも立派なので，嬉しい」等の感想をいただくことも多々あった。しかし，その言葉を読めば読むほど，これでよいのだろうか，と疑問が浮かび始めた。

　そこで，子どもたちの運動会前後の様子をゆっくり観察することにした。すると，運動会当日まで本当に一生懸命がんばっていた子どもたちが，運動会後には，運動会の気配が遊びの中から消え，穿った見方をすると，運動会の活動から"解放された"とばかりに，いきいきとそれぞれの遊びに没頭している姿があった。もちろん，「運動会楽しかったね！」「がんばったね！」等，自信を高めていた園児もいたが，全体的には運動会の競技やダンスとは違う遊びに取り組む子どもの姿が目立った。

　この姿にさらに疑問を感じ，はたしてこれでよいのだろうか，と本園の運動会への取り組みの見直しが始まった。まずは，子どもたちが運動会前も運動会の後も，遊びの中で取り入れることができるような種目や環境を整えることを意識した。また「子どもが自分たちでやりたい！」と思う気持ちが生まれるように，競技の選択や決め方を子どもたちが相談し，話し合う場等も取り入れてみた。

　たとえば，年長児の組み立て体操では，伝統である組み立て体操をやめるという選択は

考えなかったが，子どもたちが自分たちで組み立ての形を考えることにした。毎年運動会にはテーマを掲げているので，そのテーマからイメージする形を子どもたちが考える。2人組でできるもの，3人，4人，そして好きな人数でとなると，子どもの発想もふくらむようで，ときにはクラス全体での組み立てになることもあった。それらの組み立ては，大人が考えているよりも柔軟かつユニークで，大人をも納得させる素晴らしい形になるのだ。ときには，型破りな動く組み立てや音を出すもの，声を出す等，見ている大人や，また下の学年の子どもたちもいきいきと演じる年長児の姿に憧れをもち，観客席でまねをする姿も見られる。

　また，どの学年も1曲は踊るダンスだが，その内容もできるだけ子どもたちの意見を取り入れ，自分たちの好きな動きができる"大好きなダンス"を目指している。大人がすべてつくってしまうよりも，子どもたちと一緒に考えることで，より"自分の曲"となり，運動会前後も園庭やお部屋で曲がかかると踊り出し，運動会の頃までにはどの学年の子どもたちもすべてのダンスが踊れる，そのような雰囲気が漂うことになる。運動会当日も，観客となったときも踊ったり，応援したり，自分ががんばるだけではなく，みんなで楽しみ，みんながんばっていることにも気付いているのだ。

　小さな変化による競技のつくり方だが，大人が与えるよりも，自分たちでつくる種目のほうがより行事への興味も高まり，ほかの種目や当日へ期待もふくらむことが分かる。

　つい先日の幼稚園の年長お泊まり保育でのことだった（お泊まり保育は夏休み中の活動）。残念ながら外遊びができる時間に雨が降ってしまい，大きなホールにて時間を過ごすことになった。おのおのが好きな遊びを繰り広げる中，運動会のダンス曲を何気なく流したところ，ダンス好きな子どもたちが集まり，一列になって踊り出した。そして，これから踊る自分たちの曲だけではなく，これまでの年長のダンスも日頃から大好きで踊っていたので，笑顔いっぱい「もう1回」「もっとダンスしよう！」と大いに盛り上がった。

　本園のお泊まり保育は卒園生も自由参加なので，1年生の数名も「あっ，私たちの曲だ！」とはりきって踊り出した。1年も前のダンスの曲に合わせ，1年生と年長児が一緒に笑い合い，顔を見合わせ，なんとも楽しい瞬間が生まれた。

　この瞬間に前年度の運動会が子どもたちにとって心に残るものであり，充実した楽しい活動であったことが十分に伝わってきた。そして，子ども主体の運動会にまた一歩近づけたかな，と確信した。まだまだ保育者主体の部分も多いので，「運動会＝体を動かす」だけではなく，園の生活がより豊かになり，そして充実した時間の中から成長のきっかけが見つけられる行事になるようにしていきたいと思う。

教育・保育実践における乳幼児期の食育

乳幼児期の子どもにとって健康な体をはぐくむ上で「食」はとても重要な要素の一つである。生まれたばかりの乳児は，乳汁を哺乳することで栄養をとり入れていくが，心身の発育・発達に合わせて，やがて離乳食が食べられるようになり，さらには幼児食へと移行していく。その過程をおおまかに理解すると同時に，この時期の子どもにとって最も大切な「食べることの楽しさ」を味わう経験を，十分に与えられるような食育の取り組みについても紹介していきたい。また食物アレルギーについても正しい知識を学び，園生活において注意すべき点について十分理解しておこう。

第1節　食育の重要性

1 「食」のこれまでとこれから

「和食：日本人の伝統的な食文化」が，2013（平成25）年12月に，ユネスコ無形文化遺産に登録された。しかし今，この日本の伝統的な食文化の継承が危ぶまれている。

我が国の食生活は，もともと米や野菜が中心であったが，明治以降は西洋文化が積極的に取り入れられ，和洋折衷料理もつくられるようになった。さらに戦後は，米を中心とした主食に，畜産物や乳製品等も加えた多様な副食を取り入れ，1980年頃には，よりバランスのよい「日本型食生活」を実現させた。この頃の日本の食生活の栄養バランスは，ひじょうに理想的であったといわれている。三大栄養素であるタンパク質（P：Protein）・脂質（F：Fat）・炭水化物（C：Carbohydrate）の摂取カロリーの比率（PFCバランス）は，それぞれ15％，25％，60％が理想的であるとされるが，図5−1を見ると，その比率は1980年頃，ひじょうにバランスがよかったことが分かる。しかしその後食生活は，より個人の好みに合わせる形へと移行していき，さらなる洋風化や簡便化が進み，PFCバランスも欧米型に近い比率となってきている。そして，最近では脂質の過剰摂取や野菜の摂取不足等が問題視されている。

第5章 教育・保育実践における乳幼児期の食育

　そのほか，朝食の欠食，食生活の乱れによる肥満や生活習慣病の増加，過度の痩身等，食に関する問題は多様化してきており，国全体で食育に取り組む姿勢が求められている。

　そのような中，2005（平成17）年に，国民が生涯にわたって健全な心身を培い，豊かな人間性をはぐくむことを目的として，食育基本法が制定された。そして，この法に基づいて，2006（平成18）年度から2010（平成22）年度の5年にわたり，食育推進基本計画を策定し，都道府県，市町村，関係機関・団体等が主体となって食育を推進してきた。現在はさらなる食育推進に向けて，2016（平成28）年度から2020（平成32）年度までの5年間について，第3次食育推進基本計画が定められているところである。特にその中で，生涯にわたって間断なく食育を推進していくことや，子どもへの食育の推進についてもうたわれており，家庭における食育だけでなく，幼稚園を含む学校や保育所等での食育についても総合的に促進していくこととしている。

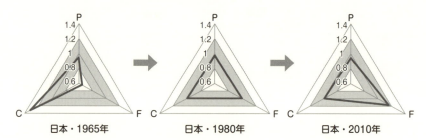

※FAO Statistics Yearbook（日本のみ食料需給表）参照。栄養バランスが良いとされるP（たんぱく質）50～70％，F（脂質）20～30％，C（炭水化物）10～20％の範囲が0.8～1.2に収まるように指数化した。

図5-1　日本でのPFCバランスの変化
出所：農林水産省「和食ガイドブック　和食──日本人の伝統的な食文化」2013年

2　乳幼児期の食育の重要性

　特に乳幼児期は，食習慣を身に付ける上で礎となる時期であり，この時期に健全な食生活を確立することは，その後の成長に大きな影響を及ぼすこととなる。成長段階の初期にある乳幼児期に，必要な栄養を摂取することは，生涯にわたって健やかに過ごせる体をつくることにつながる。また，楽しく食事をすることで，食べることを楽しむ心が育ち，豊かな人間性がはぐくまれていく。食との出合いであるこの乳幼児期に，食べることの楽しさを十分味わうことが大切である。

まずは，家庭での子どもへの食育の取り組みを推進していくことが課題となる。様々な「こ食」の問題があるように（厚生労働省，2012年），朝食や夕食を家族と一緒に食べる「共食」を増やすことは，子どもの食を支える上で重要な柱となる。また，朝食を欠食する子どもを0％にするという目標も，第2次食育推進基本計画の中には盛り込まれている。

　家族一緒に食事をとることは，食事をしながら家族でコミュニケーションを図ることにつながり，家族団らんの楽しさを実感するとともに，一緒に食べることでしか教えられない食事のマナーや食に関する知識を伝える場ともなる。昨今のライフスタイルの中で，家族全員の「共食」を実現させていくことがむずかしい家族も少なくない現状もあるが，「共食」することの大切さを理解し，このようなコミュニケーションの中で，家族間の自然な対話がなされ，子どもが健やかに，心豊かに育っていくのだということを保護者にも伝えていきたい。

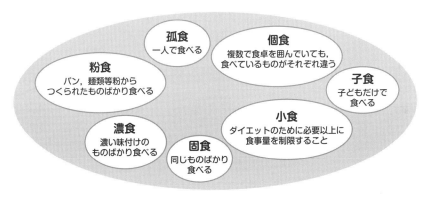

食事は，エネルギーや栄養素の補給の場，家族や友人等とのコミュニケーションの場，マナーを身に付ける教育の場でもある。

図5-2　避けたい7つの「こ食」
出所：厚生労働省「保育所における食事の提供ガイドライン」2012年

第2節　乳幼児期の食の営み

　乳幼児期は，発育・発達が著しいが，個人差が大きい時期でもある。もともとよく食べる子どももいれば，食の細い子どももいる。第3章では子どもの発達と保育の基本的な営みの視点から食事にふれているが，ここでは，食育の視点から乳幼児期のおおまかな食の発達を理解するとともに，

第5章　教育・保育実践における乳幼児期の食育

　子ども一人ひとりの食の発達と教育・保育の実践について考えてみたい。

1　6か月未満児の食の営み

　この時期は，原則として，子どもが飲みたいときには，飲みたいだけゆったりと乳汁を与えるとする母乳育児にはメリットが多く，可能であれば，なるべく母乳で育てるよう母親を支援していく。

　母乳は，子どもにとって最適な成分組成であることや，母からの免疫が移行するため（母体免疫），子どもの感染症の発症や重症化を抑えることができること，母子関係を良好に形成できること，出産後の母体の回復を促すこと等，メリットが多い。ただし，母親の感染症や薬の使用，子どもの状態，あるいは母乳の分泌が少量であること等によって，育児用ミルクを使用する場合もある。いずれにしても授乳をすることは，子どもが「飲みたい」と要求することに対し，その要求に応じていく営みであり，この営みを通して母子の絆が深まっていく。

　母乳育児が推奨されるに伴い，母親の希望によっては，園で冷凍母乳を扱うこともある。衛生面に留意するとともに，成分が壊れないよう，熱湯や電子レンジでの解凍は避ける。

　保育者が授乳する場合も，穏やかな気持ちで与えたいものである。愛情豊かな特定の大人に授乳してもらうことで，子どもは人に対する信頼の礎を培っていく。授乳の時間を大切に過ごしたいものである。

2　6か月～1歳6か月未満児の食の営み

　この頃には，ほとんどの子どもは首がすわる。支えればおすわりができる状態であって，食べ物に興味を示したり，哺乳反射が減弱してスプーン等を口に入れても舌で押し出さなくなってきたら，離乳を開始していく。5，6か月頃から始めるのが望ましいといわれている。形状はドロドロ状でなめらかにつぶした状態のつぶしがゆからはじめ，徐々にゆで野菜をペースト状にしたもの等を試していく。さらに慣れてきたら，豆腐や白身魚等のタンパク質も試していく。様子を見ながら1日1さじずつ増やしていくとよい。最初は，離乳食を1日1回とし，足りない分は乳汁を与える。

　7～8か月頃になり，離乳食に慣れてきたら，1日2回食にしていく。いろいろな味や舌ざわりを楽しむために，少しずつ食材を増やしていく

とよい。調理形態は舌でつぶせる程度のやわらかさが望ましい。子ども
の歯の萌出を見てみると，およそ6～8か月頃に乳歯が生え始める。一
般的には下の前歯2本（乳中切歯）から生え始め，上の前歯2本（乳中切
歯）が生えてくる。乳歯が生えても，食事のときに積極的に使うという
よりは，舌を使ってつぶしながら食べるような状態である。

　9か月から11か月頃になり，離乳食がしっかり食べられるようになっ
てきたら，1日3回食に進めていく。調理形態は歯ぐきでつぶせる程度
の固さが望ましい。1歳頃には前歯が上下4本ずつ生えてくるため，前
歯で食べ物をかみとることができるようになる。バナナのような食べ物
を一口かみとることで，自分で一口の量の調節を覚えていくことができ
る。自分の一口量を知り，自分から進んで食べる意欲を育てるという観
点からも，この頃は手づかみ食べも大切なステップの一つである。この
時期，奥歯の萌出はまだであるが，歯ぐきのふくらみは出てくるため，
歯ぐきでつぶせる程度の固さのものが適している。

　食に関しては個人差が大きく，一人ひとりの食の発達に応じた離乳食
の進め方が大切である。目安として，1歳から1歳6か月頃には1日3
回食を定着させていく。1歳を過ぎると奥歯（第一乳臼歯）も生えてく
るため，調理形態も少しずつ歯ぐきでかめる固さにしていく。ただし歯
ぐきでうまく処理ができないと，そのまま口から出したり，なかなか飲
み込まなかったり，逆に丸呑みしたりするため，その子どもの食べる様
子をよく見て，丸呑みの癖がつかないよう調理形態を調節するとよい。

　おなかがすいて食事を喜んで食べること，そしておいしいと感じるこ
とや食事を楽しむ気持ちを大切に育てることが重要である。

3　1歳6か月～2歳未満児の食の営み

　1歳6か月頃には，第一乳臼歯が上下でかみ合うようになり，奥歯で
かみつぶすこともできるようになってくる。いろいろな食べ物に関心を
もち，手づかみ食べをしたり，自分でスプーンやフォークを使ったり，
コップを使ったりしながら，自分から意欲的に食べようとする気持ちを
大切にしていきたい。食事の前後には手や顔を拭く等，清潔にすること
の心地よさも感じられるようにしていく。

　この時期に萌出している第一乳臼歯は，かむ面も小さいため，かみつ
ぶすことができても，すりつぶしがうまくできないことも多い。食べに
くい食品を丸呑みしてしまうこともあるので，調理する際に気をつけて

第5章 教育・保育実践における乳幼児期の食育

おきたい。たとえば，わかめやレタスのようなペラペラした食品は加熱して刻んで与える，ひき肉やブロッコリー等，口の中でまとまりにくいものはとろみをつける，パンやゆで卵，さつまいも等，唾液を吸うものには水分を加えて調理する（堤ちはる，2009年）等，まだ乳歯が生えそろわない2歳児にかけてのこの時期には，食べにくい食品に関しては工夫して与えるとよい。ただし，このような食べ方に関する問題点は一過性のものであることも多く，神経質になりすぎず，かつ子どもの食べる機能をよく確かめ，見守りながら食事を提供していきたいものである。また，よくかんで食べることを伝えるためには，食品の形状に気を配るだけでなく，一緒にかむまねをして見せること等も大切である。

　子どもが，だれかと一緒に食べることを楽しめるよう，人への関心の広がりにも配慮した雰囲気づくりを心がけたい。

4　2歳児の食の営み

　2歳になると第二乳臼歯（第一乳臼歯より奥に生えてくる奥歯）が生え始めるが，奥歯が生えそろうまでは，固すぎるものは食べられない。しかし，いろいろな種類の食べ物や料理を味わうことは必要であり，1回の食事の品目を増やして，食べる機能の発達を促していきたい。自分でスプーンやフォーク，箸等を使って食べようとする時期でもあり，自分から進んで食べる意欲を大切にしていく。また，一緒に食べる人を見つけて選ぼうとする時期でもあるため，子ども同士のいざこざも増えてくるが，保育者がお互いの気持ちを受けとめ，子どもたち同士の関わりについても配慮する。

5　3歳以上児の食育の営み

　2歳半頃から3歳頃にかけて，上下10本ずつ計20本の乳歯がだんだん生えそろってくる。奥歯での噛み合わせも安定してくるため，奥歯でこすり合わせてつぶすこともできるようになり，大人の食事内容でもほぼ摂取可能となってくる。それに伴い，多くの種類の食べ物や料理を味わうことができるようになる。と同時に，基本的な食事のマナーも少しずつ身に付けていきたい。

　好きなものをおいしく食べるだけでなく，慣れない食べ物や嫌いな食べ物にも挑戦できるよう，声かけしていく。ある食べ物が安全であるか

どうかは，動物の本能として重要であるため，どうしても食行動は保守的になりがちである。つまり，経験の少ない食べ物に関しては，警戒して食べられない，といったことがありうるのである。嫌いな食べ物に関しては，保育者が一緒においしそうに食べる姿を見せたり，食材の切り方や味つけを工夫したものを食べさせる等して，ほんの少しでも食べられたら，大いにほめて自信をつけさせていくことが大切である。幼児期にいろいろな食材に出合い，好き嫌いをなくしていくことで，何でも食べられるという自信から，人と食事をすることを楽しめるようになり，豊かな人間関係をはぐくむ礎を築くことにつながるだろう。子どもの様子を見ながら，無理やり克服させるという姿勢にならないよう配慮し，子どもの気持ちに寄り添いながら，結果として何でも食べられるよう，気長に関わっていくことが大切である。

第3節 園生活における食育

　乳幼児の食育を推進していくためには，園における食育もひじょうに重要である。従来，食に関する情報や知識は，家庭が中心となって子どもたちに伝えられるものであったが，昨今の社会状況の変化に伴い，子どもたちの食の乱れが指摘され，家庭の中での食に対する意識の希薄化が問題視されるようになってきている（内閣府，2013年）。このような背景から，乳幼児期の子どもにとって，幼稚園や保育所といった集団生活の場は，食育を進めていく上でひじょうに大きな役割を担っているといえよう。

1　園での食育の目標

　現在の社会状況において，家庭内だけで食育を行うことが難しい状況の家庭が少なからず存在していると思われる。図5-3は，保育所，幼稚園に通う4，5歳児の母親の食生活について示している。この図を見ると，1日の食事が3食ではないとしている母親や，食事時刻が決まっていない母親が，それぞれ約20％見られたり，食事を菓子ですませている母親が約40％見られるといった現状が分かる。このように家庭によっては，保護者の食の意識が希薄化している可能性があり，乳幼児期の食生活を充実させていく上で，園生活における食育を通して，親子一

第5章 教育・保育実践における乳幼児期の食育

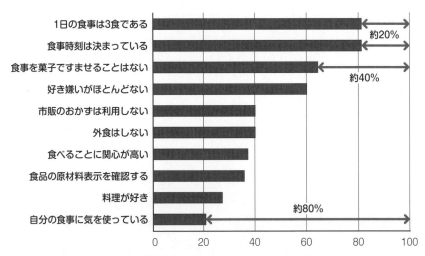

堤ちはる他：幼稚園・保育所の幼児と保護者の食生活に関する実態調査，平成22年度こども未来財団「児童関連サービス調査研究等事業」，幼児期の食の指針策定のための枠組みに関する調査研究，9-38，2011年3月。調査対象：保育所・幼稚園の年中・年長児の母親4187名。

図5－3　幼児の母親の食生活にあてはまるもの
出所：厚生労働省「保育所における食事の提供ガイドライン」2012年

体となった食の意識改革を進めていく必要がある。

　園での食育の目標としては，2004（平成16）年に厚生労働省から公表された「楽しく食べる子どもに――保育所における食育に関する指針」を参考にされたい。この中で，保育所における食育の目標として，楽しく食べる子どもに成長していくことを期待しつつ，以下の子ども像の実現を目指すこととしている。

「楽しく食べる子どもに――保育所における食育に関する指針」
2004年において，期待する子ども像

① お腹がすくリズムのもてる子ども
② 食べたいもの，好きなものが増える子ども
③ 一緒に食べたい人がいる子ども
④ 食事づくり，準備にかかわる子ども
⑤ 食べものを話題にする子ども

出所：厚生労働省「保育所における食事の提供ガイドライン」2012年

　また，同指針においては，食育の目標を達成するための援助として，食と子どもの発達の観点から，次の5項目を掲げている。

> 「楽しく食べる子どもに――保育所における食育に関する指針」
> 2004年において，食育の目標を達成するための食事の内容
>
> 1．**食と健康**：食を通じて，健康な心と体を育て，自らが健康で安全な生活をつくり出す力を養う
> 2．**食と人間関係**：食を通じて，他の人々と親しみ支え合うために，自立心を育て，人とかかわる力を養う
> 3．**食と文化**：食を通じて，人々が築き，継承してきた様々な文化を理解し，つくり出す力を養う
> 4．**いのちの育ちと食**：食を通じて，自らも含めたすべてのいのちを大切にする力を養う
> 5．**料理と食**：食を通じて，素材に目を向け，素材にかかわり，素材を調理することに関心をもつ力を養う

出所：厚生労働省「保育所における食事の提供ガイドライン」2012年

　なおこれらは，園生活における乳幼児期の食育において，幼稚園，保育所を問わず目標としていくべきものであり，実際には，それぞれの園で独自に工夫をして食育に取り組んでいる。実際にどのような食育を実践しているのかを見ていこう。

2　園における保護者向けの食育実践

　園では，毎日どのような食事を提供したかを，保護者が迎えに来たときに知らせる手段として，その日の給食の内容を展示していることが多い。また食材も展示食と一緒に並べることで，どのような食材から料理がつくられるかを知らせることもできる。特に離乳食を食べている子どもの保護者や，幼児食に移行したばかりの子どもの保護者にとって，子どもが毎日どのような食事をとっているかが一目で分かることは，安心感につながる。また自宅での食事づくりのヒントとなることもある。第一子の子育てをしている保護者にとっては，初めての離乳食づくりとなるため，中には不安を抱えている場合もある。給食が展示されていることで，子どもがどの程度の固さのものを，どれくらい食べたか等，保護者と話をすることができる（写真5-1）。

写真5-1　保育所における展示食

第5章 教育・保育実践における乳幼児期の食育

　また展示食を見ながら、お迎えに来た保護者に、子どもたちが「今日は、これを食べたんだよ。おいしかったよ」等と伝えることで、食に関する会話がはずむこともある。展示食のスペースを有効に活用し、保護者が食に関心をもつきっかけにしていきたい。

　また、保護者支援に関する取り組みとして、園の給食の試食会や親子クッキングを行っている園もある。写真5-2は、愛和新穂保育園（札幌市）での試食会での様子である。2歳児クラスの保護者懇談会を利用して行ったもので、忙しい保護者に対して懇談会のときに試食会を行うことで、多くの参加者を得ることができたという。ラップおにぎりと豆乳味噌汁をつくったのだが、豆乳味噌汁に関してはだしをとるところから保護者に見せて、試食もしてもらっている。

　園でメニューを紹介する際には、単にレシピを配布するより、実演を伴う試食会や親子クッキング等のほうが伝わるものが大きい。ふだんの給食の味つけや、子どもの食事の様子等も保護者に伝えることができる。味つけや手順が直接伝わることで、その後実際に家庭でつくってみたという保護者も多かったという。また、ふだんの給食のときの子どもたちの様子も保護者に伝えることができ、おひつからごはんを盛りつけたり、味噌汁を盛る様子、箸を使って食べる様子等を保護者に見てもらうことで、食に関心をもってもらうことができたという。このように、保育者と栄養士、調理員らが連携し、食育に関するイベントを保護者会等で行うことで、園生活における食の取り組みを家庭にもち帰ってもらうことができる。

写真5-2　2歳児クラスの保護者会で行われた試食会

写真5-3,4　2歳児クラスでの浅漬けづくり

3 園でのクッキング

　季節の食材に触れる取り組みは，園でも多く行われている。園庭の畑で，季節の野菜を育てている園も多い。たくさんは収穫できないまでも，収穫した野菜を使って調理したものを，給食やおやつに提供することもある。子どもたちは，自分たちでつくった野菜は格別においしく感じ，そのおかげで好き嫌いを克服することもある。

　写真5-3，写真5-4は，前出の保育園で，園庭で育てたきゅうりを使って，2歳児の子どもたちと一緒に浅漬けをつくっている様子である。きゅうりは保育者が子どもたちの目の前で切り，それぞれのビニール袋に入れた後，子どもたちはそれぞれキャベツをちぎって入れている。保育者に塩を入れてもらい，給食室であらかじめ切っておいたにんじんと合わせて，よくもみこめば浅漬けのできあがりである。子どもたちが行うクッキングは，手指の発達に合わせた内容を考慮しながら行っている。

　また写真5-5，写真5-6も同じ保育園の3歳児が，園庭でとれたピーマンを使って，ポテトピザトーストをつくっている様子である。じゃがいもは茹でるところまでは調理員が調理室で行っている。子どもたちは数人のグループに分かれて，1人がマッシャーでじゃがいもをつぶし，ほかの3人がボールを押さえるという役割分担をしながら，交代でじゃがいもをつぶした。トッピングには，ピーマンのほかに，玉ねぎ，ツナ缶，ホールコーン缶，チーズがあり，子どもたちがトッピングを楽しんでいる様子がうかがえる。仕上げは調理室で焼き上げて，ポテトピザトーストのできあがりである。

　なお，園庭が狭くて畑がつくれない園もあるだろう。そのような場合でも，近くの農家に協力してもらって，季節の野菜の収穫を行っている園もある。たとえば，毎年芋掘りを行っている園は多い。幼稚園には調

第5章 教育・保育実践における乳幼児期の食育

写真5-5, 6
3歳児クラスでのポテトピザトーストづくり

理室がないところが多いが、かまどを使って焼き芋をつくる園もある。また、お泊り保育のときに、かまどを使って保護者総出で豚汁をつくる園もある。その園それぞれの環境に応じた工夫をしながら、食育に取り組んでいる。

写真5-7～10は、5歳児クラスでのポップコーンづくりの様子である。園庭でとれた野菜を使わなくても、子どもたちにとってクッキングは楽しい経験となる。特に火を使うクッキングは、安全に気をつけながら、やけどのないように注意して行いたい。

子どもたちは、自分たちでつくることによって、食べることやつくることに意欲的になっていく。このポップコーンづくりを終えた後は、家庭でもポップコーンをつくってみたという保護者が多く、園での食の体験が家庭での食に大きく影響を与えていることが分かる。

4 行事食の取り組み

園での行事食の取り組みにも注目しておきたい。日本では季節の節目に、古くから伝わる行事食を食べる風習がある。以前は、食の文化は親の世代から子の世代へ、そして孫の世代へと、家族の絆を通して伝えられることが多かったが、核家族化が進んだ昨今では、そうした食の文化を継承していく場所は、家庭の中だけではむずかしくなってきている。季節の節目にどのようなものを食べていたのか、行事食を食べることにどのような意味が込められているのか、そういった知識に詳しくない保護者もいるだろう。また各家庭で、それぞれの行事ごとに必ず行事食を

用意することは，昨今の忙しい保護者にとってはむずかしいことかもしれない。保護者自身が行事食を経験せずに親になっている可能性もあり，そうした伝統のある行事食をつくらずにすませてしまう家庭もあるだろう。しかし園で行事食を取り入れることで，どのような家庭の子どもたちも，みな行事食を味わうことができることになる。こうした取り組みは，保護者の食に対する意識を向上させるとともに，食べ物の恵みに感謝する心をはぐくむことにつながる。園での食育は，子どもと保護者双方を支援し，家庭での豊かな食生活に結びついていくことが期待されているのである。

次のページにおもな行事食について記しておく。このような行事食を園でもぜひ積極的に取り入れていきたい。

5歳児クラスでのポップコーンづくり

写真5-7　まずは鍋にポップコーン(乾燥)を入れて…

写真5-8　油を入れて…

写真5-9　鍋をゆすって…

写真5-10　おいしそうなポップコーンのできあがり！

第5章 教育・保育実践における乳幼児期の食育

```
                    おもな行事食

  元旦（1月1日）            おせち料理, 雑煮（ぞうに）
  春の七草（1月7日）         七草粥
  鏡開き（1月11日）          お汁粉
  節分（立春の前日）         鬼打ち豆, 恵方（えほう）巻き
  桃の節句（3月3日）        雛（ひな）あられ, 白酒, 蛤（はまぐり）のお吸い物
  春分（3月20日頃）         ぼたもち
  端午の節句（5月5日）      ちまき, 柏餅
  七夕（7月7日）            そうめん
  土用（7月下旬）           うなぎ
  十五夜（9月中旬）         月見だんご
  秋のお彼岸（9月23日頃）   おはぎ
  七五三（11月15日）        千歳飴（ちとせあめ）
  冬至（12月22日頃）        かぼちゃ, 小豆粥（あずきがゆ）
  大晦日（おおみそか）（12月31日）  年越そば
```

出所：藤沢良知監修『絵で楽しく学べる 幼児の食育 第2版』
財団法人母子衛生研究会，2006年より一部改変

　園においては，保育の中に行事を取り入れながら，行事食と連動させている場合も多い。園によっては様々な工夫をして，その行事にちなんだ興味深い取り組みをしている。前出の保育園では，節分の日に豆まきをするだけでなく，節分にちなんだ給食を提供したいという栄養士や保育者たちの熱い思いから，写真5-11のような「おにバーグ」をつくったところ，大好評であった。この「おにバーグ」，なかなか鬼らしいハンバーグにならずに，何度も試行錯誤を繰り返した末の大作である。最終的に髪の毛をモヤシにすることで，食味もよく，見た目も鬼らしい「おにバーグ」が完成したのだという。

　このような園での楽しい取り組みによって，子どもたちは，みんなで行事を楽しみながら食べる楽しさを享受することができる。この時期にみんなで楽しく食べる経験は，健やかな心と体をはぐくむ上で重要な役割を担っている。

写真5-11　季節の行事食「おにバーグ」

第4節　食物アレルギーへの対応

　園での食育を進めていく上で、忘れてはならないのが食物アレルギーへの対応である。我が国の乳幼児の食物アレルギーの有病率は、乳児が約10％、3歳児が約5％ (Ebisawa, M., et al., 2010) といわれるように、[1] クラスに数人は食物アレルギーのある子どもがいるのが現状である。食物アレルギーがある子どもに対しては、対応を間違えると生命の危機を招くこともあり、あらかじめ保護者や主治医と共に、対応を詳細に話し合っておく必要がある。まずは、食物アレルギーに関して正しい知識をもち、園でできる対策について見ていこう。

1　食物アレルギー

　食物アレルギーとは、本来なら害のない食物を異物と認識してしまい、摂取すると過剰な免疫反応を起こして体に不利益な症状が起こることをいう。私たちの体には、体内にウイルスや細菌等の病原体が入ると、それを追い出そうとするしくみ（免疫）があり、体を守るための重要な役割をしている。しかし、この免疫の働きが過剰になると、体に害のない食物が体内に入っても追い出そうとしてしまい、かえって体に不利益な症状を引き起こしてしまうことがある。これがアレルギーである。たとえば、アレルギーの原因となる食物（アレルゲン）を食べると、皮膚が赤くなったり、じんましんが出たりといった皮膚症状が出ることがある。のどがかゆくなったり、結膜が充血する等の粘膜症状が出ることもある。そのほか、腹痛や嘔吐、下痢といった消化器症状や、声のかすれ、喘鳴（ぜんめい）（呼吸をするときゼーゼーと音がすること）等の呼吸器症状が出ることもある。重症な例では、一度にこれらの複数のアレルギー症状が、同時に、そして急激に現れるアナフィラキシーを起こすこともある。

2　園でのアレルギー食対応について

　まずは入園の際の健康診断や面接で、アレルギー症状の有無を把握しておくことが大切である。0歳で入園してくる場合は、食物アレルギーがあるかどうかも分からない状態で入園する子どももいる。母乳のみで

第5章 教育・保育実践における乳幼児期の食育

　育児用ミルクを飲んだことのない子どもに対しては，園で使用するミルクの種類を伝えて，数回飲ませてもらい，嘔吐や下痢等の消化器症状や，湿疹等の皮膚症状がないかどうか，様子を見てきてもらうとよい。症状が出た場合は，経過観察できる食事ノート等に記録してもらい，主治医の診断を受けてもらう。また離乳食に関していえば，アレルゲンとなりやすいタンパク質や果物等で未摂取の食品がある場合には，原則として最低2度は家庭で食べてみてもらう。

　すでに食物アレルギーと診断されている場合は，いつ頃，何を，どのくらい食べて，どんな症状が出たのか，その症状は何回あったか，そのときどのような対応をしたか，アナフィラキシー症状はあるのか等を確認する。また，医師の診断や医療機関名についても知らせてもらう。家庭における食物除去の程度を確認した上で，「学校生活管理指導表（アレルギー疾患用）」を提出してもらい，緊急時の対応や搬送先についても確認しておく。「学校生活管理指導表（アレルギー疾患用）」に基づいて保護者と面談し，園での食事に関する実施計画書を作成する。毎月の献立について，保護者と確認し，献立表も個別に作成し，除去内容が分かるようにする。[2]

　食物アレルギーの約9割は，就学前に耐性化して，それまで食べられなかった食材が食べられるようになる。必要以上の除去食は，子どもの発育発達に少なからず悪影響を及ぼす可能性もあり，除去に関しては，定期的（6か月～12か月に1度）に医療機関の受診をすすめて見直しを行うようにする。なお除去する場合は，栄養摂取量が不足しないように代替食を用意したり，一部持参してもらったりすることも考えていかなければならない。子どもの成長期でもあるため，除去に関しては正しい診断に基づいて必要最小限にとどめたい。

　配膳する際にも細心の注意を払う必要がある。誤食を避けるためには，トレーの色を変えたり，クラス名や名前，原因食を明記しておく必要がある。おかわりをする際にも，除去したものと，していないものとで間違えないように注意する。

　食後も，ほかの子どもたちの食べこぼしたもの等をさわったり，食材のついた手で，子ども同士触れてしまったりと，思わぬところでアレルギー症状が出てしまうこともある。食物アレルギーの子どもがいるクラスでは，食後はクラスの子どもたち全員でしっかり手洗いをするように声をかけていく。なお，アナフィラキシー等の重篤な症状を起こしたことのある子どもに関しては，食後の片づけや清掃がすむまでは，保育室

から離れたところで過ごせるように工夫するとよい。

　お弁当を持参する園の場合も，対策は万全にしておく必要がある。保護者が原因食品を入れずにつくったお弁当であっても，子ども同士でお弁当の中身を交換してしまうこともある。特に食物アレルギーのある子どもに関しては，お弁当の中身を交換しないよう，ほかの子どもたちと一緒に伝えておくとよい。

　食物アレルギーのある子どもは，食に対して神経質になっていることもあり，楽しく食事ができるような関わりを心がけたい。

3 エピペン®（アドレナリン自己注射薬）の使用について

　食物アレルギーがある子どもが，誤って原因食品を口にしてしまうと，一度に複数のアレルギー症状が急激に現れるアナフィラキシーショックを起こすこともある。アナフィラキシーとは，食物，薬物，ハチ毒等が原因で起こる急激なアレルギー反応の一つで，皮膚，呼吸器，消化器等，多臓器にわたって，全身に症状が現れる状態をいう。そして，ときには血圧低下や意識喪失等もひき起こすことがあり，そのような生命をおびやかす危険な状態をアナフィラキシーショックという。子どもがアドレナリン自己注射薬のエピペン®を処方されているようであれば，ショック症状が見られる前に，すみやかに注射する必要がある。エピペン®を

エピペン®が処方されている患者で
アナフィラキシーショックを疑う場合，
下記の症状が一つでもあれば使用すべきである。

消化器の症状	・繰り返し吐き続ける	・持続する強い（がまんできない）おなかの痛み	
呼吸器の症状	・のどや胸が締め付けられる ・持続する強い咳込み	・声がかすれる ・ゼーゼーする呼吸	・犬が吠えるような咳 ・息がしにくい
全身の症状	・唇や爪が青白い ・意識がもうろうとしている	・脈を触れにくい・不規則 ・ぐったりしている	・尿や便をもらす

図5-4　一般向けエピペン®の適応（日本小児アレルギー学会）

出所：日本小児アレルギー学会アナフィラキシー対応ワーキンググループ
　　　「一般向けエピペン®の適応」2013年

第5章 教育・保育実践における乳幼児期の食育

注射するタイミングとしては、日本小児アレルギー学会が、2013年7月に前記のような適応基準を提示している。

エピペン®は、原則として自分で注射することとなっているが、乳幼児が自分ですることはむずかしいため、保育者が子どもに代わって注射することは人道上許されるという解釈がなされている。前記のような症状が一つでも現れたら、ためらうことなくすみやかに注射することが望ましい。

なお、エピペン®を注射したとしても、必ず医療機関に搬送する。一時的に回復しても、再度同じような症状が起こる可能性があるからである。

ここまで、園での食育について話を進めてきたが、乳幼児期に食べる楽しさを感じることができることが何より大切であるだろう。食物アレルギー等の疾患があっても、保育者が細心の注意を払いつつ、子ども自身が楽しく食事ができるように関わっていくことを忘れないでおきたい。

① 園でできる食育実践には，どのようなものがあるか，調べてみよう。
② 食物アレルギーのある子どもが，園生活において事故なしに楽しく食事をとるために，保育者が気をつけるべきことをまとめてみよう。

引用文献

1 Ebisawa, M., et al., Prevalence of Allergic Diseases During First 7 Years of Life In Japan, *Journal of Allergy and Clinical Immunology*, 125（2010），p.215
2 文部科学省スポーツ・青少年局学校健康教育課監修『学校のアレルギー疾患に対する取り組みガイドライン』日本学校保健会，2008年，10-17頁

参考図書

◎ 海老澤元宏研究代表者『食物アレルギーの診療の手引き2011』「食物アレルギーの診療の手引き2011」検討委員会，2011年
◎ 熊倉功夫編「和食――日本人の伝統的な食文化」農林水産省，2012年
◎ 厚生労働省「授乳・離乳の支援ガイド」2007年
◎ 厚生労働省「楽しく食べる子どもに――保育所における食育に関する指針」2004年
◎ 厚生労働省「保育所におけるアレルギー対応ガイドライン」2011年
◎ 厚生労働省「保育所における食事の提供ガイドライン」2012年
◎ 小林陽子「当園での食育に関する取り組みについて――栄養士の立場から」『第19回日本保育園保健学会プログラム抄録集』2013年
◎ 鈴木美枝子編『これだけはおさえたい！　保育者のための子どもの保健Ⅱ　第2版』創成社，2018年
◎ 堤ちはる「乳幼児栄養の基本と栄養指導」『小児科臨床』（62巻12号）日本小児医事出版社，2009年
◎ 内閣府「第2次食育推進基本計画　一部改定版」2013年
◎ 日本保育園保健協議会アレルギー対策委員会編『保育園におけるアレルギー対応の手引き2011』日本保育園保健協議会，2011年
◎ 農林水産省「和食ガイドブック　和食――日本人の伝統的な食文化」2013年
◎ 藤沢良知監修『絵で楽しく学べる　幼児の食育　第2版　次世代育成支援テキスト』財団法人母子衛生研究会，2006年

おもてなしの心が詰まったカレーパーティー
〜育てる・調理する・集う・つなぐ食育実践〜

　毎年恒例のカレーパーティー。筆者の働く園では3月に，年中児が，もうすぐ卒園する憧れの年長児へ日頃の感謝を込めてカレーをつくる「お別れ会」を行っている。その日が近づくと，年中の子どもたちはそわそわ，ワクワク。どんなパーティーにしようかと考え，準備に取りかかる。

　「パーティーだから，机の上にも飾ろうよ！」「おみやげも準備しよう」「誰と座る？」「来てくださいって伝えないと年長さんたち，来てくれないかもしれない」と，子どもたちの中からたくさんの意見が上がり，その一つ一つに対し，年中児が思い思いに準備をスタートさせていく。

　ある年は，「おり紙の花をおって，牛乳パックに飾るね」と，登園するとその準備を始める子どももいた。また，「食べ終わったらペンダント，プレゼントするからつくってみる」「座る席は，くじ引きの準備と……」等，少しずつそれぞれがパーティーをイメージし，話し合いの内容がだんだんと形になってきた。楽しい時間に思いを込める姿も印象的である。

　そしていよいよ，次の日がカレーパーティーという日の帰りの時間に，カレーに何を入れるかが話題となった。担任が，にんじん・じゃがいも・たまねぎは各家庭から子どもたちがもち寄り（事前にお願い済み），幼稚園ではカレールーと肉の準備をすることを確認した。すると，「隠し味ってあるでしょ？」とある子が言い出した。「そうそう，うちはジャム入れるよ！」「僕のママはコーヒー入れてる」「リンゴ入れてる！」等の意見が次々と出てきて，結果，おいしいカレーをつくるには"隠し味"は絶対に必要なものである，ということになった。

　そこで，子どもたちと話し合い，家に帰って家族の方に"隠し味"について質問をし，もってくることができる食材等があれば，少しずつもち寄る，ということになった。

　そして迎えたカレーパーティーの当日。各家庭にお願いした野菜のほかに多くの子が"隠し味"をもち寄り，また，これを入れるとどんな味になるのか等，きっと保護者の方と話し合ったであろう内容をどんどん披露してくれる。そんなこんなで，朝から部屋の中はカレーの話題でいっぱいである。「早くつくろう！」「タマネギを最初に炒めるんだよ」「煮込む時間が長いほうがおいしいカレーになるってママが言っていた」と，さらにカレーを

つくる順番やヒントを伝え合う姿もあった。

　このように，子どもたちの思いを取り入れたカレーパーティー。どの子どももどれほどこの時間を楽しみにしたことか！　準備が進み，隠し味を入れ，味もおいしく完成した。部屋の準備も整い，年長児にも喜んでもらい，心も体も満たされた時間になったことは間違いない。

　園の一つの行事の話し合いが，各家庭にもち帰られ，家での話題にもつながった。夕方の買い物で食材の確認が行われたり，一緒にカレーをつくり，その夜のメニューがカレーになった家庭もあったかもしれない。そしてその経験が次の日，幼稚園にもち帰られ，園の行事が豊かに広がった。

　カレーパーティーは年度末の行事だが，春には園外保育に出かけ，そこでヨモギ探しをする。ときに家族の方をお誘いし，一緒に近くの山に出かけていく。もちろん虫や花に興味をもち，ヨモギなんて知らないという子どももいるが，食べられる葉ということで子どもの興味も上々。家族の方も身近な近くの山に食べられる食材があることに気付き，子どもたちと一緒に袋いっぱいのヨモギを毎年集めることができる。

　集めたヨモギは，後日クラスでヨモギ団子をつくる。簡単に白玉粉を使い，きなこやあんこで食べるが，簡単だからこそ，子どもたちは「家でもつくったよ」「帰り道にママとヨモギ集めたんだ」等の話も聞くことができた。

　食育というと，自分たちで季節の野菜を植え，育て，収穫し，そして料理して食すという活動が取り入れられることが多いと感じるが，育てて食べたという経験から，さらに一歩進み，季節の食材を楽しむ，いろいろな食材と触れあう，食材を育てる過程に経験するワクワクや困難（枯れてしまう，生き物に食べられてしまう）等，すべてが「食育」である。と同時に，その食材を誰と食べるのか，どのようなシチュエーションで食べるとさらにおいしさがふくらむのか……も大切なことであると感じている。

　「食べる」という行為は，「絵の具をする」「どろんこをする」ことより，どの家庭でも親しみがあり，またふだんの生活では欠かせないものなので，家でも話題としてもち上がりやすい内容だ。また，今回のような活動は各家庭での食について考えるきっかけにもなる。

　便利な社会になり，働く大人の増加，また，習い事等で忙しい子どもたちが増えるこの世の中で，子どもたちの孤食・個食・固食・小食・粉食・濃食の問題も目にする。体の基礎をつくる大切な時期であることを踏まえ，「食の経験」を幼稚園が発信し，家庭にもち帰ることも，大切な「食育」の役割の一つであると考えている。

保育・教育の中の安全・衛生指導のあり方と安全管理を考える

この章では，生活に関する指導，健康教育に関する指導，安全教育に関する指導，けがや病気の対応についての4項目により，子どもの育ちや保育現場のあり方について考えることとする。日々の生活が安定し，いきいきと生活できることは，子どもの育ちにとって必須の条件である。こうした条件は，生活習慣を獲得し，健康教育・安全教育を充実させ，けがや病気に適切に対応していくことで実現されるものともいえる。これらの保育内容に，保育者としてより積極的に取り組むための学びとしたい。

第1節 生活習慣に関する指導

1 基本的生活習慣とは

第1章にも言及があるように，学校教育法第3章幼稚園第23条には，幼稚園教育の目標が5つ挙げられているが，1では「健康，安全で幸福な生活のために必要な基本的な習慣を養い，身体諸機能の調和的発達を図ること」とされている。幼稚園教育の目標の中に，生活に必要な基本的な習慣を養うことが明記されているということであり，幼児期の教育には，基本的な生活習慣の獲得が不可欠なものの一つであることは，明白である。

基本的生活習慣とは，人が所属する文化や社会の中で生きていくために必要な習慣や生活技術のこととされている。たとえば，インフルエンザの流行する時期にはマスクの着用を心がけたり，外出先から帰宅した際には手洗いやうがいを励行したりする。このような，生活に必要な基本的で習慣化された方法のことを指しているのである。

具体的には，食事に関すること，睡眠に関すること，排泄に関すること，清潔に関すること，衣服の着脱に関することの5つを指すものといわれている。この中には，健康や安全に直接的に関わると思われる方法や工夫もあれば，生活をより便利にするような工夫や，周囲に不快感を与えないようなマナー等も含まれてくる。

注意しておきたいことは，この基本的生活習慣には，幼稚園での生活

第6章 保育・教育の中の安全・衛生指導のあり方と安全管理を考える

の仕方やきまりや約束事といった内容は含まれていないことである。たとえば，幼稚園に登園してきたら通園バックから出席ノートを出し，今日の欄にシールを貼って決められた場所に置き，バックと帽子をロッカーに掛けるといった行動の仕方を，朝の「所持品始末」等といい，毎朝の約束事としている園は少なくないが，こうした約束事やきまり等は，この基本的生活習慣には含まれていないのである。

　一方，こうした生活習慣は，時代によって，地域によって，その方法はおのずと変わってくるものである。たとえば，水が豊かに得られる日本では入浴の習慣が定着しているが，アメリカ等はシャワーを浴びることが中心であるし，水が貴重なヨーロッパ等ではシャワーや入浴をする回数が少なく，そのために香水やオーデコロンを用いる文化が盛んになったともいわれている。食事に関しても，現在我々は朝昼晩3食の食事が当たり前であるが，相撲取りの食事は2食といわれるし，世界には2食や4食の文化もある。つまりこうした生活習慣は，そこで暮らす人々にとっての習慣であり，住む地域が変われば習慣が変わることもある。時代や社会に変化があれば，それに応じて変わってくることもある。

2 子どもの基本的生活習慣

　私たち人間は，生まれたときにできることは限られており，無防備で未熟な状態で生まれてくる。保護し育てる養育者の存在がなければ，生き続けることはできない。乳幼児期にある子どもは，大人に依存しなければ生きていくことができないのである。

　生活に必要とされる基本的生活習慣についても，初めはまったく自分ではすることができず，周囲の大人にしてもらうことから始まり，徐々に身に付けていく。すなわち基本的生活習慣の獲得は，自立・自律の過程であり，それと同時に社会化の過程でもある。

　こうした生活習慣の獲得は，何かができるようになるという形で現れることがほとんどである。パンツがはけるようになった，ボタンがとめられるようになった，スプーンでごはんが食べられるようになった，きれいに手を洗うことができるようになった等がその典型であろう。大人はついついできるようになることに重点をおきがちであるが，できるようになることと同じくらい，その獲得の過程での主体的な取り組みが重視されなければならないと考えられている。

　大人の側が，子どもに基本的生活習慣を身に付けさせることに重点を

おき，いわゆる教え込むといった形で習慣を獲得させることは，可能である。しかし，こうして獲得した習慣は，環境が変わったり，条件が違ってきたりすると応用できなくなるといわれている。本当の意味での習慣化がなされるかどうかという視点から見れば，そこには子どもなりにその必要性を理解し，そこから生まれる必要感に基づいた主体的取り組みでなければならないということになる。

　そして，こうした習慣を身に付けることは，単に生活の仕方を身につけていくという意味だけにとどまらず，子どもの心身の育ち（特に心の育ち）に大きな影響を及ぼすものである。パンツが一人ではけるようになった子どもは，衣服の着脱の過程を一つ身に付けたと同時に，パンツがはけるようになったという自分自身へ自信をもち，達成感を感じ，自己への有能感を高め，行動も積極的になっていく。このように基本的生活習慣の獲得は，生活に必要な習慣を身に付けるという意味合いと同時に，子どもの健やかな心身の育ちにとってひじょうに重要なものなのであり，子どもの人格形成にも寄与するといっても言いすぎではないのである。

3 清潔を保つ指導の実践

　６月頃から多くの園では水遊びや，どろんこ遊びが盛んになる。こうした遊びは開放的であり，子どもの大胆な行動を促し，心身の発達におおいに貢献するものである。しかしながら，こうした遊びは必ず事後に清潔にして，気持ちがよいという経験を保障する必要性がある。

　ある園で，大胆にどろんこ遊びを楽しんだ後，遊んだ子どもの人数が多かったこともあり，遊びの後に体をきれいに洗うことが十分にできず，結果として髪の毛の中等にドロがいくらか残ったまま降園させてしまったことがある。保護者からクレームが寄せられたことは言うまでもない。いくらのびのびと遊んだからといって，その後の清潔な身の処し方を怠ってしまえば，こうした事態をひき起こしてしまうし，何よりも，子どもの中に清潔にしなくてもかまわないといった認識を植えつけかねない。どろんこ遊びや水遊び，フィンガーペインティングやボディペインティング等の遊びの際には，大胆に思いきり遊んだ後に，必ずきれいにして，気持ちがよいという経験を保障する必要があることを忘れてはならない。

　また，清潔を保つ習慣のうち，身近なものにうがい，手洗いがある。

第6章 保育・教育の中の安全・衛生指導のあり方と安全管理を考える

　戸外から入室する際に，うがい手洗いを励行することは，インフルエンザ等の予防効果もあり，よく園でも実施されている。こうした習慣は，一度指導すれば簡単に身に付く性質のものではないので，繰り返し根気強く指導することが必要となる。また，子どもによっては，手をぬらした程度の手洗いしかしないこともある。正しい手洗いの方法については，最近はウェブサイト等に動画で紹介されているものもある。子どもが興味関心を高めながら，身に付けることができるような工夫も必要である。

　一年間の気候の変動の大きい日本では，特に気候に合わせた衣服の調節も必要になる。暑さ寒さに合わせて衣服を調節し，汗をかいたら拭く等の習慣も身に付けたいものである。

4 虫歯予防指導における実践例

　ある幼稚園では，毎年4歳児親子を対象として，予防歯科が専門であるK医師を招き虫歯予防指導を行っている。ブラッシングの仕方や磨き残しのチェック等，一般的な内容の指導がなされているが，中でも特徴的であり，子どもにも保護者にも印象に残るものがある。

　K医師は，子どもにこう呼びかける。「みんな，歯磨きをしないとお口の中はどうなるかな？　なんか白いものが溜まってくるね。これがなんだか分かるかな？」「じつはおじさん，昨日から歯磨きをしないできました。そうしたら歯には白いものが溜まっています。今からこれをとるね」と言って，自らの口内から歯垢をピンセットで採取しプレパラートにのせ，その電子顕微鏡映像を，プロジェクターで投影して見せてくれるのである。そこには，無数の小さな生き物が動く姿が映し出される。皆，奇声を発して驚くが，特に保護者の驚きは大きい。そこでK医師はこう言う。「みんな，これが虫歯のばい菌です。そして歯に溜まる白いものは，なんとこの虫歯のばい菌のウンチやおしっこなんです。虫歯のばい菌は，みんなの歯の間なんかに残っているごはんの食べかすやお菓子の残りを食べて，お口の中でいっぱい動いてウンチやおしっこをします。だから，白いものが溜まってくるんです。毎日歯磨きをして，食べもののかすや，白いものをきれいにとってください。そうすれば，ば

写真6-1　虫歯予防指導の一場面

い菌は元気になれないし，白いものも溜まりにくくなります。でも，自分だけではなかなかきれいにできないから，最後は必ずお父さんかお母さんにきれいにしてもらいましょう」。

　これはひじょうに効果的で，多くの子どもが歯磨きの重要性や必要性を実感できるようである。いささか特殊な取り組みではあるが，このような工夫は，基本的生活習慣獲得への子どもの必要感を高め，主体的な取り組みを促すものとなる。ここまでの工夫でなくとも，たとえば以下のような説明の工夫は，子どもなりの理解を支援するものとなるだろう。

　「みんなのお口の中にも，先生のお口の中にも，じつは虫歯の元になるミュータンスっていう，目に見えないくらいちっちゃな生き物がいるんだって。そのミュータンスは，みんなが何かを食べたときに，歯の間や口の中に残っているごはんやチョコが大好物で，それを食べると元気になってきて，みんなの歯を虫歯にしちゃうんだよ。だからね，ごはんを食べた後に歯磨きをして，お口の中をきれいにしておけば，痛い痛い虫歯にならないんだよ」。

5 環境を整える

　基本的生活習慣の指導は，直接子どもにすべきことを投げかける形となることが多いが，それ以上に子どもが実行しやすい環境を整えることも重要である。たとえば，手洗い場の高さが高すぎて手が届きにくいようでは，手洗いの習慣が身に付きにくいし，扱いやすい大きさのお手ふきタオルが水場のすぐそばにあれば，手を洗った後の手ふきも身に付きやすい。

　また，トイレは一般的に暗く，汚く，くさいといったイメージを抱き

写真6-2　トイレの環境例

写真6-3　手洗い場の環境例

第6章 保育・教育の中の安全・衛生指導のあり方と安全管理を考える

やすい場所であるが，園内のトイレはそうしたイメージを子どもに抱かせることのないよう，明るいイメージがもてる工夫をし，行くことに抵抗を感じない場所としたい。写真6-2,3はその実例である。

また，子どもが自分自身の所持品等を収納しておくロッカーや引き出し等は，ともすれば管理が行き届かないで，道具類や作品等が無秩序に収納されていることもある。定期的に皆で整理をする時間を設けたり，保育者が一緒に整理をする等の取り組みも必要となる。

6 保育者のありようについて

いささか感覚的な表現になるが，こうした援助を行う際の保育者の心のもちようは，子どもも敏感に感じ取るようであり，少なからぬ影響があるものと感じている。まだボタンがとめられない子に「早く一人でできるようになるといいねぇ」等と言葉をかけながら，そうした心もちで援助している場合と，ボタンをとめてあげなければいけない子が多くいて，いらいらしながら対応している場合とでは，子どもがボタンをとめられるようになるまでの様子に，違いが見られるように思うのである。これは，生活習慣の獲得に限ってのことではなく，子どもへの関わり全般にいえることであると考えている。

入園して間もない子どもの中には，母子分離の不安から泣く子の存在も少なくない。3歳児クラス等では，何人もの子どもが泣いていることもある。担任保育者としては，クラス全体の運営責任があるので，泣く子が多いほど焦りを感じたり，困難さを感じたりするのも無理はないだろう。一言で言えば，困ってしまうのである。そんなときに，フリーの保育者が泣いている子どもを担任から預かったりすると，不思議にほどなくして泣きやんだりすることがあった。フリーの保育者は，クラス全体への明確な責任があるわけでもなく，むしろ泣いている子がいると，自分の出番であるとはりきって子どもに関わっていったりする。こうした心もちの違いを，子どもが感じ取ったのではないかと思うのである。このケースにしても，保育者の心もちが，子どもになんらかの影響を及ぼす可能性を示唆するものであると考えている。

第2節 健康教育に関する指導

1 健康教育とは

　日本健康教育学会によれば，健康教育とは「一人一人の人間が，自分自身や周りの人々の健康を管理し向上していけるように，その知識や価値観，スキル等の資質や能力に対して，計画的に影響を及ぼす営み」[1]とされている。幼児期に当てはめて考えてみれば，自分や周囲の人が健康になれるように，子どもが何らかの知識やスキル等を身に付けていくことができるように指導援助することと考えてよいだろう。

　また，同学会は，健康を獲得することはすべての人の基本的な権利であるが，健康自体，それぞれの人の生き方と強く結びついているので，他人から与えられるのではなく，自分自身で，あるいは自分たちで求め獲得することが基本となる，といっている。幼児期の健康教育は，子どもが自分のための健康を，自分で求め獲得していくことができるようになるための基盤をつくることがその目的であるといえよう。

2 子ども自身が自分の身体や健康に関心をもつ指導とは

　上記のような目的を達成するためには，まず，幼児期の子どもが自分自身の体や健康に関心をもつことが必要である。とはいえ，幼児期の子どもにとって，それはなかなか実現できることではない。大人の場合は，最近太り気味だとか，ちょっと調子が悪いといった自覚症状があれば，意識して自分の体調を保とうと努力することは比較的容易であろう。また，病気の予防や体調の維持管理といった意識をもって生活することも可能である。しかし，子どもの場合はそうした見通しをもって生活することは極めて困難である。子どもの特性を考慮しながら，子どもなりの理解や意識をもって自分の体や健康に関心をもつためには，指導の工夫が必要となる。ここでは，こうしたねらいをもって行われる保育実践を通して，指導のあり方を考えてみる。

（1）体を知る・認識する遊び

　子どもが自分の体に関心をもつためには，まず自分の体を知ることから始まる。そしてそれは，当然のことではあるが遊びの中で知らず知ら

第6章 保育・教育の中の安全・衛生指導のあり方と安全管理を考える

ずのうちになされていくものである。この種の遊びの典型例で，古典的ともいえる手遊びに「あたま，かた，ひざ，ぽん」というものがある。歌に合わせて，楽しく自分の体のいろいろな部位をさわっていくうちに，自然に子どもが体の部位の名称を認識し，覚えていくといった遊びである。これに類する手遊びは数多くある。このような遊びを楽しんで経験するうちに，子どもは自分の体についての認識を確かなものとしていくのである。保育の中での，こうした遊びは，子どもが自分の体に関心をもち始める第一歩といってよい。

写真6-4　あたま，かた，ひざ，ぽん

（2）絵本や紙芝居を用いて

　絵本や紙芝居等の教材の中には，体や健康についての内容を扱ったものも数多くある。こうした視覚に訴える教材は，子どもたちにとって親しみやすいものであり，興味をもって内容に触れられるという特徴がある。たとえば，童心社から出版されている，かこさとし作「からだの本シリーズ」等は，その典型である。これは10冊シリーズとなっており，それぞれ興味深い。10冊の構成は次のようになっている。

1　あなたのおへそ
2　たべもののたび
3　むしばミュータンスのぼうけん
4　あかしろあおいち
5　はしれますかとべますか
6　てとてとゆびと
7　あがりめさがりめだいじなめ
8　ほねはおれますくだけます
9　すってはいてよいくうき
10　わたしののうとあなたのこころ

図6-1　『にんげんはたべたものからつくられる』

近年は，ペーパーバック版も出版されており，入手しやすい価格となっている。また，ナート社より，たけむらとしこ，きづきすみよしによる『にんげんはたべたものからつくられる（かしこいからだ絵本）』という絵本も出版されている。こちらは，子どもが親しみやすいキャラクター等を交えた内容で構成されており，3〜4歳くらいの子どもでも興味深く見ることができ，食べものと体の関係をシンプルに感じとることができるように思う。このような絵本や紙芝居も，実に多くの種類が世に出回っている。こうした教材を書店の児童書コーナーやネット上等で探してみるのも，保育者の楽しみの一つである。

（3）身近な人が病気になった等の機会をとらえて

　子どもの場合，一般論として病気になったら体もつらいので，ならないようにしようといった話をしても，なかなか理解できなかったり，その必要性を感じられなかったりする。しかし，友達が病気になったとか，身近な大人が病気になった等の場合には，その必要性を感じられるケースも少なくない。また，最近はよきにつけ悪しきにつけ子どもはテレビ等の視聴をしており，ニュース番組等も見ていることが多い。インフルエンザの流行についてニュースで取り上げられた場合等，それが子どもにとって身近に感じられることもある。いずれにせよ，一般論として伝えようとするのではなく，何らかの機会をとらえてその必要性を伝えるよう工夫するとよいだろう。

139

第6章 保育・教育の中の安全・衛生指導のあり方と安全管理を考える

3 健康な体づくりを目指した保育実践

　たとえば，保育中の子どもが，そのほとんどの時間をはだしで生活することに取り組んでいる園もある。「はだし保育」等といわれることもある。子どもがはだしで元気に遊んでいる姿を見れば，おそらく誰もが好ましく感じるだろう。はだしになることが気持ちがよいと感じることもあるので，子どもが自らはだしになることも少なくない。はだしになることには，様々な効能があるとする研究者もいて，一般に子どもがはだしになること，つまり，はだし保育はよい実践とされることが多い。しかしながら，冬場の寒い時期にもはだしになることを求めている園もあると聞く。また，床が固かったり，園庭に石が混じっていたりすれば，子どもの健康を促進するどころか，かえって阻害する恐れすらある。実践の際には，盲目的に信じ込むのではなく，子どもの体調や環境等を吟味した上で，ケースごとに判断していく必要性がある。一律に子どもに何かを強制することは，大変危険なのである。

　これに類するものに，草履の着用を励行している園や，はだかや薄着を励行したり，乾布摩擦等を実践している園もある。健康の維持増進のためとして，マラソンに取り組んでいたり，散歩を日課としている園もある。いずれの場合も，その目的とすることを明確に意識し，その目的が達成できているのかどうかを検証することが不可欠である。また，個人差やその日の一人ひとりの体調等に着目し，その実施に無理がないかどうか確認し，個別に対応を考えることも重要である。

4 健康診断

　学校保健安全法の第13条には，「学校においては，毎学年定期に，児童生徒等（通信による教育を受ける学生を除く）の健康診断を行わなければならない」とある。また，学校保健安全法施行規則の第5条には，「法第十三条第一項の健康診断は，毎学年，六月三十日までに行うものとする」とあり，幼稚園は毎年6月中には健康診断を行わなければならないとされている。

　健康診断は必ず実施するものであり，多くの園では内科検診と歯科検診に分けて行っている。幼児の場合，特に年齢が低い場合には，医師に診てもらうという状況だけで恐怖を感じたり，泣き出してしまうこともある。今日来てくれるお医者さんは，幼稚園のお医者さんで優しい人で

あること，歯や体を見てもらうだけであること，痛いことはまったくないこと等を事前によく話をしておくとよい。場合によっては，個別の対応が必要になることもある。最近は，意図的に白衣を着用せずに検診してくれる医師もいるようである。できる限り，子どもに負担のかからない実施方法を考えたいものである。同時に，健康診断を子どもが自分の体について考えるきっかけとして生かしていくべきである。

第3節 安全教育に関する指導

1 子どもの安全に関する基本姿勢

　誰もが子どもを危険にさらしたいとは思わない。けがをすることなく，安全な環境ですくすく育ってほしいと願うのは当然である。しかしながら，子どもの育ちとは，ある種の危険と表裏一体で実現されていく側面をもち合わせている。獅子は我が子を千尋の谷に突き落とす等といった表現もあるが，子どもは大切に育てるだけでは十分には育っていかないであろう。ここに安全教育を考えるむずかしさがある。

　子どもの周りの危険を排除すれば，安全になる。しかし，ひたすら安全を排除した環境に子どもを置けば，けがはしないが，危険を察知したり回避したりする能力は育たない。さらにいえば，そうした環境は子どもにとって実に魅力のない，いわゆるつまらない環境となってしまい，子どもが遊ぶ意欲すら失いかねないものとなる。こうしたことを考えれば，子どもの安全教育の基本は，安全を確保しながらも，子どもの育ちを考慮して，子ども自らが危険を回避し，身を守る能力を育てることにあるといえる。

2 リスクとハザードの視点から

　しかしながら，安全の確保はどこまですべきなのか，どこからは子どもの経験としてゆだねてよいのかという基準については，明確なものは存在しない。結論からいえば，それぞれの保育現場に一任されているといってよい。このことについて考える際に参考となるのが，リスクとハザードというとらえ方である。

　国土交通省「都市公園における遊具の安全確保に関する指針(改訂版)」

第6章 保育・教育の中の安全・衛生指導のあり方と安全管理を考える

には，以下の記述がある。

> 子どもは，遊びを通して冒険や挑戦をし，心身の能力を高めていくものであり，それは遊びの価値のひとつであるが，冒険や挑戦には危険性も内在している。
> 子どもの遊びにおける安全確保に当たっては，子どもの遊びに内在する危険性が遊びの価値のひとつでもあることから，事故の回避能力を育む危険性あるいは子どもが判断可能な危険性であるリスクと，事故につながる危険性あるいは子どもが判断不可能な危険性であるハザードとに区分するものとする。[2]

つまり，リスクとは子どもの能力を育てる可能性のある危険性のことで，ハザードとはそうした可能性を超えて事故やけがに結びつく危険性のこととしているのである。リスクは保育現場にあってよいが，ハザードはあってはならないということになろう。このように考えると，あたかも現場にある危険性をリスクとハザードに分けられたような気になるが，よく考えてみれば状況はまったく変わっていない。どこまでがリスクであり，どこからがハザードなのかの境界線は依然として不明確なのである。前掲の指針には，この境界線について以下の記述がある。

> リスクとハザードの境界は，社会状況や子どもの発育発達段階によって異なり，一様でない。子どもの日常の活動・経験や身体能力に応じて事故の回避能力に個人差があり，幼児が小学生用遊具を利用することは，その遊具を安全に利用するために必要な運動能力，危険に関する予知能力，事故の回避能力等が十分でないため，ハザードとなる場合がある。[2]

保育者が，危険にはリスクとハザードがあることを意識していたり，考えの基本においておくことは重要なことであるが，それだけでは十分とはいえない。各園においてそれぞれの保育方針の中で，どういう行為やどういう環境をリスクととらえ，ハザードととらえるかについては十分な検討が必要になるのである。たとえば，園にある固定遊具の中のすべり台を考えてみる。滑走面を下から登る行為を禁止している園もあれば，それをむしろ奨励している園もある。前者はこれをハザードととらえており，後者はリスクととらえているということになる。

ある幼稚園は前者のうちに入り，滑走面の登坂を禁止している。そこには明確な理由がある。その園には複数のすべり台があり，その中の一台に非常時の避難用のすべり台があるという。非常時に2階からすばやく避難するためのすべり台である。園では，このすべり台のことを「くるくるすべり台」と呼んでいる。本来は避難用であるが，いざというときに怖くて，あるいは慣れていなくて子どもが使用できないのでは設置の意味がないので，通常の遊びの中でも使用するようにしているという。写真6－5がその設置の様子であるが，らせん状に滑り降りる構造になっているため，滑走中の子どもには数メートル前の滑走面は見えないのである。仮に滑走面を下から登ってくる子どもがいた場合，出会い頭の衝突となりその反動で落下することも考えられる。その危険性をハザードととらえているので禁止しているのである。「すべり台は下から登ってはいけません」と子どもの行為を禁止するだけではなく，なぜ禁止するのかについて十分理解した上で伝達したいし，場合によってはその理由も伝えることが効果的なこともある。

写真6－5　非常用すべり台の設置例

 そして，最も重要なことは何をリスクととらえ，どこからをハザードととらえるかについて，教職員間で十分に共通理解を得ておくことである。ある先生は「すべり台は下から登ってはいけません」と言ったのに，別の先生は「面白いね，がんばって登って」と言ったというようなことが同じ園内であっては，子どもの側が混乱をきたすことになるし，保育者に対する信頼感が損なわれることにもなりかねない。たとえ個々の保育者の価値感に違いがあったとしても，園としての対応は共通のものとしておかなければならない。

 次のページの表6－1は，前掲の指針にあるハザードの例である。ハザードを考える際の参考となるだろう。

第6章 保育・教育の中の安全・衛生指導のあり方と安全管理を考える

表6-1 ハザードの例

物的ハザード … 遊具の構造，施工，維持管理の不備等によるもの	
不適切な配置	動線の交錯，幼児用遊具と小学生用遊具の混在等
遊具及び設置面の設計，構造の不備	高低差，隙間，突起，設置面の凹凸等
遊具の不適切な施工	基礎部分の不適切な露出等
不十分な維持管理の状態	腐食，摩耗，劣化，ねじ等のゆるみの放置等
人的ハザード … 利用者の不適切な行動や服装等によるもの	
不適切な行動	ふざけて押す，突き飛ばす，動く遊具に近づく等
遊具の不適切な利用	過度の集中利用，使用制限の措置を講じた遊具の利用等
年齢，能力に適合しない遊具で遊ばせる	幼児が単独で，あるいは保護者に勧められて小学生用遊具で遊ぶ等
不適切な服装	絡まりやすい紐のついた衣服やマフラー，ランドセル，サンダルや脱げやすい靴を着用したままの遊び，携帯電話をストラップで首から下げたまま遊ぶ等

出典：国土交通省「都市公園における遊具の安全確保に関する指針（改訂第2版）」平成26年6月より筆者が作成

※リスクとハザードについては，他分野（たとえば製品安全分野）であったり，同じ子どもの安全についてであっても，日本以外の国（たとえばヨーロッパやアメリカ等）によっては，異なる意味で使用している場合もある。

米国の遊具安全規格である「公共の遊び場の安全ハンドブック」の記述の中では，リスクは「危険な状況や状態」であり，ハザードは「危険源」を指すと思われる使用があるという。[3] たとえば，ライオンがいることだけでは，直ちに危険ではないが，それはハザードである。そこに人が同時に存在すれば，ライオンに襲われてけがをする，場合によっては命を落とすという危険性が発生することとなり，これをリスクと呼ぶのである。

この場合，リスクはハザードにその発生率をかけ合わせたものと解釈できる。ゴルフ場にはウォーターハザード（池や川等）があるが，これはプレーには危険なものであるが，実際にこれに邪魔されるかどうかは，ハザードの大きさ，ボールのある場所，風向き等の環境，プレーヤーの技能レベル等の要因がかけ合わされてその確率が予想されるわけで，リスクが高い場合もあるし，低い場合もあるという考え方である。このように，同じ用語でも，異なる定義や使用が存在することには注意をしておきたい。

3 子どもが安全に関心をもつ保育実践

（1）園内探検

　入園当初の子どもたちは特に，園の環境に慣れていない。どこでどんな遊びができるのかも分からなければ，どんな危険があるのかも認識できていないのである。多くの園（特に幼稚園）では，入園直後に園内を探検し，園内環境について知ると同時に，その場所の危険性を理解し，行動の仕方を身に付けられるような機会を設定している。クラスごと，あるいはグループごとに保育者が誘導しながら，園庭内や園舎内の各所を巡り，その場所ごとに保育者からの注意点等を聞き，遊具等であればその場で遊んでみる。特に園庭内の固定遊具等には，それぞれに使い方や，待っているときの約束ごと等がある場合が多い。

　たとえば，ブランコの場合，３歳くらいの子どもではブランコが前後に振り子のように動いていても，目の前から見えなくなるとすっと出て行ってしまい，戻ってきたブランコと衝突してけがをするといった事故が起きやすい。この年齢の子どもには，向こうに行ったブランコが戻ってくるという認識，つまり先のことを見通すことがまだできないのである。そのためにブランコの周りに柵等を設置している園がほとんどである。ブランコを待っている間はこの柵の中には入らないで，座って待っている等の約束ごとを子どもたちに伝えていくのである。

（2）道具や用具の使い方

　園内には様々な道具や遊具がある。園庭の固定遊具もそうであるが，保育室内にも様々なものがある。ほんの一例を挙げれば，はさみ，セロハンテープ，積木，ブロック，ままごと道具等がある。それぞれに使用上の注意点があることは言うまでもない。その中でも扱いに注意が必要なものについては，多くの園が，入園当初には子どもの手に触れないところにしまっておき，子どもの発達段階を確認しながら，機会を見て子どもに提示して，その扱いについても指導していく。はさみ等はその典型であるといえる。しかしながら，こうしたものの扱いについては，使わないでいればいつまでたっても使えるようにはならないわけで，３歳児の秋頃にははさみを自由に使っている園もあれば，４歳になってから初めてはさみの扱いが始まる園もある。道具や遊具によって，子どもの使用に際してはどんな注意が必要であるか，どんな指導をしていけばよいかについて，保育者間でよく打ち合わせを重ね，いたずらに使用時期を

第6章 保育・教育の中の安全・衛生指導のあり方と安全管理を考える

遅らせるのではなく，子どもの可能性を広げていくことのできる実践を心がけたい。

4 交通安全指導

（1）子どもと交通事故

　基本的に，子どもは交通事故に遭いやすい存在である。図6−2は幼児の風船つきの発達を表したグラフである。風船つきの課題では，目と手の協応動作が必要とされる。協応動作とは，複数の機能や器官がお互いに絡み合って働くことを指す。目で風船が落ちてくることを認識し，手の働きをそれに合わせて風船をつくのである。表を見て分かるとおり，風船つきは4歳後半から成績がよくなる。それ以前の年齢の子どもは，風船がつけない，つまり協応動作がまだできない発達段階にあるということである。だから，4歳前半までの子どもは道路に飛び出してしまうのである。ボールを追いかけたらそのことしかできないし，道の向こう側に母親の姿を認めたらまっしぐらに母親のもとに走ってしまうのである。子どもはこうした存在であることを，周囲の大人は知っている必要があるし，特に車の運転をする人は，子どもを見かけたら理由もなく飛び出してくる可能性があることを認識してハンドルを握るべきであろう。このほかにも，子どもの体の小ささや視野の狭さ等が，子どもが交通事故に遭いやすい要因となっている。

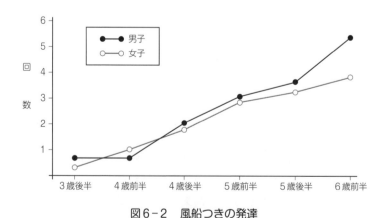

図6−2　風船つきの発達

出典：勝部篤美『幼児体育の理論と実際』杏林書院，1971年

(2) 最近の幼児の交通事故傾向

　子どもは道路に飛び出しやすい存在であることを述べたが，最近の交通事故統計を見ると，以前は圧倒的に多かった飛び出し事故に変わって，自動車同乗中の事故が多くなってきている。図6-3には，2012年中の子どもの学年別および交通手段別に見た死傷者数が示されている。入園前と入学前の乳幼児の死傷者数は，中学生までの各学年の数に比してかなり多く，かつ，自動車乗車中の事故が多くなっている実態が浮き彫りにされている。また，図6-4は，幼児の死傷事故の実態を2003年から2012年までの事故原因別に追ったものである。ここで注目すべきことは，折れ線グラフで示された幼児の自動車乗車中の死傷者数が減っているにもかかわらず，自動車乗車中の死傷者の割合は年々増え，2012年には71%に達していることである。

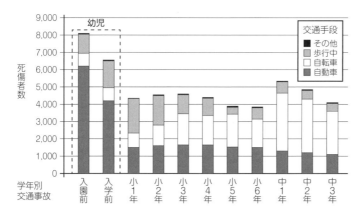

図6-3　学年別および交通手段別に見た子どもの交通事故死傷者数（2012年）
出典：(財) 交通事故総合分析センター「イタルダ・インフォメーション No.106」2014年

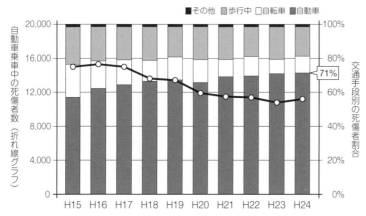

図6-4　幼児の自動車乗車中の死傷者数と交通手段別に見た死傷者割合の推移
　　　　（2003（平成15）年から2012（平成24）年）
出典：(財) 交通事故総合分析センター「イタルダ・インフォメーション No.106」2014年

第6章 保育・教育の中の安全・衛生指導のあり方と安全管理を考える

(3) 実際の指導では

　警察署等の協力を得て行う交通安全指導教室等も大変有効である。また，こうした内容を扱った絵本や紙芝居，映像教材等も数多くあるので，効果的に使用したい。このような交通安全について子どもに伝達しようとする際，多くの子どもがよく聞いているが，中にはあまり話を聞かないタイプの子どももいる。実は，このようなタイプの子どもたちにこそ，これらの話を伝えなければならず，保育者の工夫，指導力が求められる。さらに，保護者には，園だよりやクラスだより等を利用して，前掲した（1），（2）にあるような，一見，見落としやすく，間違えやすい情報を正確に提供することもひとつの支援となる。

　さらには日常の保育において考えるならば，様々な遊びの中で体を十分に動かすことによって，自らの体のコントロール能力を高めることが，間接的ではあるが事故防止につながることも知っておく必要がある。

5 避難訓練

　消防法第8条には，「学校，病院，工場，事業場，（中略）その他多数の者が出入し，勤務し，又は居住する防火対象物で政令で定めるものの管理について権原を有する者は，（中略）防火管理者を定め，当該防火対象物について消防計画の作成，当該消防計画に基づく消火，通報及び避難の訓練の実施，（中略）その他防火管理上必要な業務を行わせなければならない」とある。避難訓練も学校には義務づけられたものである。

　一般に避難訓練には，火災を想定したものと，地震を想定したもの，有事の際の引き取りを想定したもの等がある。園の避難訓練は，初めて子どもが経験するものであるので，初めは警報に慣れることや，皆で避難すること等，初歩的な内容から始めるとよい。段階的に，実際の避難に近いものとしていき，一定の時期が来たら抜き打ちの訓練（保育者にも）を実施できることが望ましい。地震も火事も前触れなく起きるものである。いざというときに役立つ訓練を実施すべきである。ふざけたりする場ではないことを伝え，保育者も真剣に参加することで，子どもの参加態度を形成していくとよい。避難マニュアルを作成しておき，それぞれの保育者の果たすべき役割を明確にしておくことも必須である。

　訓練と同時に，安全対策も講じておかなければならない。保育室内の棚やロッカー等の固定は当然である。最近は，床との間に敷くことで家具の倒壊を防ぐ耐震マット等もある。

6 保育者の危険予知・事故対応

（1）ヒヤリ・ハットを活かす

　「ハインリッヒの法則」という重大事故発生確率に関する法則がある。安全技師ハインリッヒ（Herbert Wilhelm Heinrich）が，労働災害の事例を分析して得た法則で，別名を「１：29：300の法則」という。「１の重大事故の影には29の軽症事故と300の無軽症事故が発生している」とするものである。この300の無軽症事故が，ここでいうヒヤリ・ハットのことである。別の言い方をすれば，事故が起こりそうであったが幸いにも回避できた出来事，危ないことが起こったが幸い災害には至らなかった事象のことを，そういうのである。文字通り，ヒヤッとしたりハッとした出来事である。この300件のヒヤリ・ハットを集め，事前の対策と危険の認識を深めることで，重大な事故を未然に防ぐことができる。

　保育現場で子どもと接していれば，ヒヤリ・ハットに出合うことが少なくない。ヒヤッとしたが，大事に至らなくてよかったとホッとするものである。ホッとするとついつい忘れ去られたり，大事には至らなかったのでそのまま放置されてしまうこともある。それでは，まれにしか起きない重大事故を防ぐことはできないのである。このヒヤリ・ハットを全教職員間で共有し，さらにその対策を立てていくことで，重大事故を防ぐことができる。ヒヤリ・ハット報告書といったものをつくっておき，ヒヤリ・ハットに出合ったら，そのつど報告書に記載してデータとして蓄積していくといった方策が望ましい。また，こうした報告書を作成することによって，一人ひとりの保育者の危険予知能力も高まっていくだろう。

（2）事後の対応

　どんなに事故を防ぐ努力をしても，実際に事故をゼロに抑えることはむずかしい。どうしても事故は起きてしまうものである。その事後の対応をいかに成すかによって，保護者の信頼を得ることができる場合もある。しかし，誤った対応のために信頼を失い，最悪の場合には訴訟騒ぎにまでなってしまうケースもある（詳しくは，第7章を参照）。また，事故の内容を記録に残しておくことは不可欠である。図6-5は事故記録簿の例である。ここまで詳細でなくともよいだろうが，こうした例を参考にしてそれぞれの園で記録簿を準備しておきたい。

第6章 保育・教育の中の安全・衛生指導のあり方と安全管理を考える

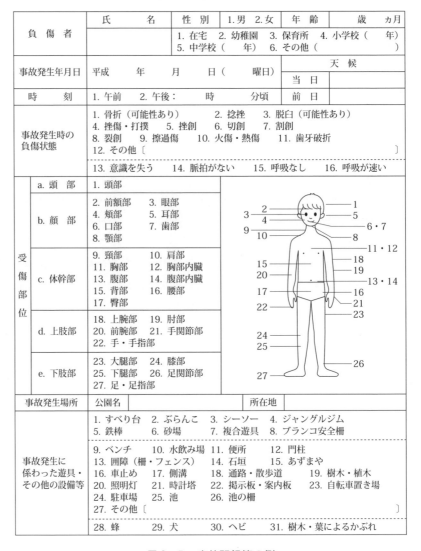

図6-5　事故記録簿の例
出典：荻須隆雄他『遊び場の安全ハンドブック』玉川大学出版部，2004年

（3）いざというときの心構え

　さて，人間はいざというときになると平常時には考えられないような失敗をするものである。たとえば消防への火災の通報の中で，しばしば見られるやりとりがあるという。
　通報者「火事だ，早く来てくれ」
　受報者「どちらが火事ですか？」
　通報者「うちが火事なんだよ，早く」
　受報者「お宅の所在地はどちらですか？」

通報者「何言ってんだ，うちが燃えてんだ早く来い！」
　自分の家が燃えていれば，やはり冷静でいられなくなるのは分かる気もするだろう。また，血を見ると冷静でいられなくなる人も多い。頭部は，ほんの少しの傷でも出血が多い場合があり，小さな切り傷なのに顔面が血だらけに見えたりすることもある。子どもがそんな状況になってしまったら，自分ならどう対応するだろうかと，平常時に対応を考えておくことも必要なのだが，人間はいざとなるとそれができなくなるものなのである。
　「フール・プルーフ」という言葉がある。災害心理学等で用いられる用語であるが，人間がミスをしたり間違ったりしても，全体の安全性や信頼性を失われないようにしておくこととされる。また，似た言葉に「フェイル・セーフ」がある。これは，故障や障害が発生しても，被害を最小限にとどめられるようにしておくこととされる。
　こうした考え方を参考に，人間はいざというときにパニックに陥ったり，頭が真っ白になるといわれる状況に陥ったりして，ふだんでは考えられないミスをするのだという前提に立って，その対策を講じておくとよい。いや，それが必要なのである。実際にあった話だそうだが，ある幼稚園で子どもの急患があり，救急車を呼ぶこととなった。一人の保育者が救急車を呼ぶよう指示されたが，その保育者は，受話器を手に「えーっと，きゅ，救急車って何番だっけ？」と叫んだそうである。おそらく小学生でも知っている「救急車は119番」が，いざとなると分からなくなることがあるのだ。であるので，園の電話の前に図6-6のような張り紙をしておけば，誰がどんな状況に陥ったとしても，最低限なすべきことをすることができるはずである。こうしたしくみをつくっておくことが不可欠なのである。

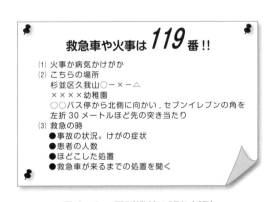

図6-6　電話機前の張り紙例

第6章 保育・教育の中の安全・衛生指導のあり方と安全管理を考える

第4節 けがや病気の対応について

ここでは、保育現場で日常的に起こりうるけがや病気について、園でできることを中心にまとめておく。ここで触れられない応急処置等については、関係各書を参照されたい。

1 けがの対応

（1）けがの程度の判断

まず、重傷か軽傷かを判断する必要がある。そのポイントを以下に挙げる。

① 意識はあるか。
② 頭部をぶつけた際には、すぐに泣いたか。
③ 出血は大量か、止まるか。
④ 外傷の程度（傷の大きさ、深さ、見て分かる変形、さわった感じ等）。
⑤ 顔色はどうか（青白い、脂汗等）。

専門医によれば、子どもが頭を打ってすぐに泣いた場合は、さほど重傷ではないことが多く、むしろかなり強く打ったのに泣きもしなければ腫れてもいないときのほうが、脳内出血等の危険があるという。これらのことから総合的に判断することになるが、自分一人で勝手に判断することは危険である。必ず園長や主任等の判断を仰ぐようにする。

（2）切り傷，擦り傷等

① 水や消毒液で洗い流し、傷口を確認する。砂や石等はよく落とす。
② 傷が深い、出血が止まらない場合は、止血等の処置をし、ただちに医療機関を受診する。軽傷なら消毒し、ガーゼやカットバンで保護する。
③ 刺し傷（とげ等）は、刺さったものを取り除ききちんと消毒する。

止血については、いろいろな止血法があるが、保育現場での止血に関しては圧迫法と呼ばれる方法でそのほとんどが事足りる。

（3）打撲，骨折，捻挫等

① まず冷やす。水道水で十分だが、氷嚢があればなおよい（ビニール袋に氷を入れ、しぼったタオルをまいたものでも十分代用になる）。
② 異常に痛がる、変形がある、顔色が青白い、脂汗をかく、皮膚が冷

たい等の症状が見られる場合は，骨折等の疑いもあるのでただちに医療機関を受診する。

③　捻挫の場合は，冷やした後で冷湿布し，患部を動かさないようにする。

（4）その他のけが

①　目に異物が入ったら，水できれいに洗い流す。出血等があるようなら，ただちに医療機関を受診する。

②　やけどは患部を水で冷やす。少なくとも30分は水道水の流水で冷やす。範囲が広かったり深いやけどの場合は，ただちに医療機関を受診する。衣服の上から熱湯を浴びたような場合は，衣服は脱がさず，その上から水をかけ冷し，ただちに受診する。

2 病気への対応

　病気に対する処置は，それぞれの病気ごとに挙げていけばきりがない。ここでは，園での処置について考えていくこととする。園でよく見られる子どもの症状には，発熱・腹痛・吐き気・頭痛等がある。子どもが自ら訴えてきたときには，単に体調の問題だけでなく，精神的な問題が絡んでいる場合も少なくないので，注意が必要である。保育者は，毎朝の視診を欠かさないようにし，一人ひとりの体調を含めた理解を確かなものとするよう努めたい。

　ただ，こうした病気に関しては保育現場でできることは限られている。園は保育の専門機関ではあるが，基本的に医療行為を行う機関ではないからである。園でできることは応急処置ということになる。熱が出た場合は，検温し寝かせるという程度の処置にとどまる。最近は発熱した子どもの熱を下げようと冷やすことにも賛否両論あり，冷やす処置もしない園が多くなっている。特に幼稚園の場合は，子どもの体調が悪くなったときは，保護者を呼び，引き取ってもらうのが常となる。保育所の場合は，看護師の判断や場合によっては医療機関を受診することもあるだろう。

　しかしながら，幼稚園にあっても，緊急性の高い場合にはその限りではない。子どもが頻繁に食べたものをもどす等の症状の場合は，嘔吐物がのどに詰まって窒息等を起こさないような対処が必要である。嘔吐物を医師に見せると，診断の参考になることもある。園には必ず園医が指

第6章 保育・教育の中の安全・衛生指導のあり方と安全管理を考える

定されているので，園医との連絡を密にしておき，緊急性の高い場合は園医に対応してもらえるようにしておくとよい。

3 感染症の知識と対応

　学校保健安全法には以下の条文がある。いずれも不特定多数の子どもが集まる学校という場の特殊性を踏まえての，感染症の拡散を防ぐための定めである。

> **（出席停止）**
> 第十九条　校長は，感染症にかかつており，かかつている疑いがあり，又はかかるおそれのある児童生徒等があるときは，政令で定めるところにより，出席を停止させることができる。
> **（臨時休業）**
> 第二十条　学校の設置者は，感染症の予防上必要があるときは，臨時に，学校の全部又は一部の休業を行うことができる。

　ここでいう感染症及びその出席停止の期間を，同法施行規則では表6-2のように定めている。また，表6-3は幼稚園や保育所でよく見られる感染症について，その症状をまとめたものである。ともすれば保護者が子どもの症状を見落として登園させてしまったり，保育所の場合はうすうす感じていても登園させてしまうこともあるようだ。保育者は，こうした症状を見落とすことなく感染症の蔓延を防がなければならない。ただし，前述したとおり保育者は医療従事者ではないので，病名を診断する立場にない。「こんな症状が出ていますので，ご家庭でも注意してください」あるいは「お医者様に見ていただいたらいかがでしょうか」といった保護者への注意喚起がその中心となる。

表6−2　学校感染症

	感染症の種類	出席停止の期間の基準
第一種	エボラ出血熱 クリミア・コンゴ出血熱 痘そう 南米出血熱 ペスト マールブルグ病 ラッサ熱 急性灰白髄炎 ジフテリア 重症急性呼吸器症候群※1 鳥インフルエンザ※2	治癒するまで
第二種	インフルエンザ※3	発症した後5日を経過し，かつ，解熱した後2日（幼児にあっては，3日）を経過するまで
	百日咳	特有の咳が消失するまで又は5日間の適正な抗菌性物質製剤による治療が終了するまで
	麻しん	解熱した後3日を経過するまで
	流行性耳下腺炎	耳下腺，顎下腺又は舌下腺の腫脹が発現した後5日を経過し，かつ，全身状態が良好になるまで
	風しん	発しんが消失するまで
	水痘	すべての発しんが痂皮化するまで
	咽頭結膜熱	主要症状が消退した後2日を経過するまで
	結核	学校医その他の医師において感染のおそれがないと認めるまで
	髄膜炎菌性髄膜炎	学校医その他の医師において感染のおそれがないと認めるまで
第三種	コレラ 細菌性赤痢 腸管出血性大腸菌感染症 腸チフス パラチフス 流行性角結膜炎 急性出血性結膜炎 その他の感染症※4	学校医その他の医師において感染のおそれがないと認めるまで

※1　病原体がコロナウイルス属ＳＡＲＳコロナウイルスであるものに限る
※2　病原体がインフルエンザウイルスＡ属インフルエンザＡウイルスであってその血清亜型がＨ５Ｎ１であるものに限る
※3　鳥インフルエンザ（Ｈ５Ｎ１）を除く
※4　流行性嘔吐下痢症，溶連菌感染症，マイコプラズマ肺炎，手足口病，ＥＢウイルス感染症など

出典：学校保健安全法施行規則
　　　（最終改正，2012（平成24）年3月30日文部科学省令第11号）より筆者が作成

第6章 保育・教育の中の安全・衛生指導のあり方と安全管理を考える

表6-3 幼稚園・保育園で流行しやすい感染症の主な症状

感染症名	主な症状
インフルエンザ	・突然の38度以上の高熱　・高熱が3～4日ほど続く ・激しいせき，喉の痛み，頭痛，鼻水，関節の痛み，筋肉痛等
麻疹（はしか）	・38度近い発熱と，せき，鼻水等風邪に似た症状 ・ほおの内側に出る白い斑点　・全身に出る赤く細かい発しん
風疹	・38度前後の熱，耳の後ろのリンパ節のはれ，目の充血 ・発熱と同時に，胸や顔等から赤くかゆみを伴う発しんが全身に広がる
百日ぜき	・くしゃみやせき，鼻水等　・1～2週間たつとこんこん激しくせきこむ ・息を吸うときのヒューヒューという特有の音
水痘 （水ぼうそう）	・37～38度の微熱 ・かゆみの強い赤い発しんが，胴体から全身に，頭部まで広がる
咽頭結膜熱 （プール熱）	・38度以上の高熱　・のどのはれと痛み ・目の充血やまぶたの裏の赤み　・目やに，涙
流行性結膜炎 （はやり目）	・目の充血　・目やに　・まぶたのはれ ・ひどくなると，発熱や下痢を起こすことも
手足口病	・手のひら，足の裏，口の中，臀部等にできる，赤い発しんや米粒大の水疱
伝染性紅斑 （りんご病）	・発熱から2～3週間後，ほおにできる赤い発しん ・腕や足，おしりに網目状の発しんが出ることもある
伝染性軟属腫 （水いぼ）	・突然出る，痛みもかゆみもない光沢のあるいぼ ・脇の下，脇腹，おなか，ひじ，ひざ等に多い
伝染性膿痂疹 （とびひ）	・虫さされや切り傷，湿しんの後にできる，膿を持ったようなかゆみのある水疱　・水疱がやぶれて，全身に赤いただれが広がる。
流行性耳下腺炎 （おたふく風邪）	・38度前後の発熱　・片方，または，両側の耳下腺（耳の後ろからあごにかけてのリンパ節）のはれと痛み
溶連菌感染症	・39度近い突然の発熱　・のどの痛みとはれ ・全身に広がる，かゆみのある発しん　・イチゴ舌
ヘルパンギーナ	・38～40度近い突然の発熱　・のどの奥にできる小さな水疱
感染性胃腸炎 （嘔吐下痢症）	・突然の嘔吐と下痢 ・まれにけいれんや脳症，腸重積等を合併することもある

出典：金澤治監修『0～5歳児ケガと病気の予防・救急まるわかり安心BOOK』ナツメ社，2012年

4 アレルギーに対する指導

（1）食物アレルギー

　第3, 5, 6章で詳しく紹介しているが，何かを食べてある症状が出ると，食物アレルギーといわれることが多い。厳密には抗原の存在と，それに対して免疫系が働いた証明が必要とされる。子どもによく見られるのは鶏卵アレルギー，牛乳アレルギー，小麦アレルギー等である。症状も多彩なことが多い。

（2）アトピー性皮膚炎

　よく耳にする皮膚炎の一種であるが，アレルギー疾患である。その原因がよく分からないまま症状が悪化することも少なくない。特徴はかゆみである。子どもの場合，そのかゆみの激しさから，かきむしって皮膚組織が破壊されたり，別の細菌の侵入源になる場合もある。特に，これが原因で落ち着きがなくなったり，攻撃的行動に出てしまったりと，精神面や行動面に与える影響も大きい。ステロイド剤が功を奏する場合もあるが，その使用も賛否両論あるので注意が必要となる。保育者には，疾患としての症状に加え，心理面でのサポートが必要となる。

（3）アレルギー性鼻炎・結膜炎

　成人では花粉によるアレルギー症状が多いが，季節性のないダニ等でもひき起こされる。近年，子どもでも増加傾向が見られる。東京都「アレルギー性疾患に関する3歳児全都調査」によれば，花粉症を含むアレルギー性鼻炎は1999年6.1％, 2009年11.1％であり，最新の2014年のデータでは11.2％であった。保育現場では，室内の清掃等による抗原の除去が求められる。

（4）アレルギーに対する注意点

　こうしたアレルギーは，様々な抗原によって様々な症状としてひき起こされる。ほとんどの保育現場では，入園時等に保護者アンケート等の方法によって，子どものアレルギーに関わる情報を入手しているはずである。こうした情報を，確実に担任保育者に伝達するしくみが不可欠となる。また，保育者の心構えとして，年度の初めには担任するクラスの子どものこれらの情報を確認すると同時に，すべてを記憶しておくことは困難な場合もあるので，身近なところにメモ等の方法で記録しておく

第6章 保育・教育の中の安全・衛生指導のあり方と安全管理を考える

とよい。

　保育現場で最も注意が必要なのは，食事場面である。弁当持参の場合は問題は少ないが，給食の場合，近年はアレルギーに対応した給食を準備する施設もある。しかしながら，学校給食で十分に注意を払っていたにもかかわらず，おかわりをした食べものにアレルギー反応を起こすものが含まれており，病院搬送されたといった事故も起きている。保育現場では，食育を取り入れた行事等も盛んになってきており，皆で料理して食べるといった場面も少なくない。思わぬ食材に，思わぬアレルギー物質が含まれていることもある。こうした保育を実践する際には，細心の注意が必要となる。そのほかには，園で飼育している小動物が抗原となる場合もあるので，注意したい。

① 子どもの生活習慣の獲得について，食事，睡眠，排泄，清潔，衣服の着脱それぞれに，獲得すべき具体的な習慣をあげ，どのように指導したら獲得を促すことができるか考えてみよう。
② 子どもが自分の体や健康について，興味関心を向けるきっかけとなる教材（絵本や紙芝居等）を探して，読み聞かせ等の練習をしてみよう。
③ 子どもに感染症らしき症状が見られたことを想定し，感染症名とその見られた症状を仮設して，保護者に伝達する仕方をシミュレーションしてみよう。

引用文献

1 日本健康教育学会ウェブサイト http://nkkg.eiyo.ac.jp/pg298.html より引用，アクセス日時 2018.11.20.
2 国土交通省「都市公園における遊具の安全確保に関する指針（改訂第2版）」2014年
3 松野敬子「遊具の安全規準におけるリスクとハザードの定義に関する一考察」『社会安全学研究』第3号，関西大学社会安全学部，2013年

参考図書

◎ 荻須隆雄他『遊び場の安全ハンドブック』玉川大学出版部，2004年
◎ 勝部篤美『幼児体育の理論と実際』杏林書院，1971年
◎ 加藤忠明・岩田力編著『図表で学ぶ子どもの保健Ⅰ』建帛社，2010年
◎ 金澤治監修『0〜5歳児ケガと病気の予防・救急まるわかり安心BOOK』ナツメ社，2012年
◎ （財）交通事故総合分析センター『イタルダ・インフォメーション No.106』2014年
◎ 鈴木隆編『保育内容健康』大学図書出版，2012年
◎ 村岡眞澄・小野隆編著『保育実践を支える健康』福村出版，2010年

子どもの生活と「けが」

　子どものけがを予防するためには，その実態を知ることが重要である。いつ，どこで，どのような種類のけがが，いかなる原因で発生しているかを知ることである。

　子どものけがの実態は，日本スポーツ振興センターによる「学校管理下の災害」の報告に詳しい。これは医療費の給付を行った負傷・疾病について学校種別にまとめたものであり，毎年 110 万件を超えるデータが集められている。

　同報告によると，事故はほとんどが「保育中」に「園舎内」と「園舎外」で発生している。具体的に，幼稚園では「運動場・園庭」で，保育所では「保育室」で多く発生している。廊下，手洗い場等の日常生活の場でも発生しているが，保育室・園庭で 7 割弱の事故とそれによるけがが発生している。時間帯としては午前・午後の自由時間帯に多い。児童・生徒においては正課，課外を問わず体育的な活動中にけがが多いという傾向がある。それに対して，園児においては「体育的活動中」という明確な線引きはなく日常的な「保育中」に起きている。おおざっぱな言い方をすれば，保育活動中は「いつでも」「どこでも」けがをする可能性があるといえる。

　けがの要因別に見ると幼児・児童全体では転落・落下が 41.16％，他の児童との衝突 22.0％，遊具等との衝突 12.63％である。幼保では転落・落下 40.12％，他の児童との衝突 19.8％，遊具等と衝突 15.79％である。近年この傾向は変わらず，転落と衝突で約 80％を占める。けがの種類は打撲，捻挫，骨折が代表である。子どもの身体は柔らかいため捻挫，骨折は児童・生徒ほどの比率ではなく打撲が多く見られる。けがの部位としては，頭部，顔部，歯部，眼部，手・手指部である。歯部，眼部を含めた「顔部」が全体の半数近くを占めることが特徴的である。

　これらのけがの実態から，頭部が重く，首の筋肉が弱いといった形態的な特徴が浮かび上がる。視野の狭さも事故の要因として挙げられ，つまずきによる転倒や衝突につながる。突発的な動きや不注意等，子どもの行動上の特徴もけがのリスクを高めている。子どもの身体的な特徴と共に十分に注意したい。

　遊具の種類別に見ると，すべり台での事故が多く，ほかに鉄棒，ジャングルジム，雲梯，登り棒等が挙げられる。東京消防庁による統計では 2007 〜 2010 年の 4 年間で救急搬送された遊具事故のうち，すべり台での事故発生が全体の 3 割を超えている。すなわち，すべり台の事故は，発生件数が多く，かつ重篤なけがにつながりやすいため十分な注意が必要である。すべり台の逆さ登りは原則禁止などのルールを徹底する，もしくは保育者が近く

にいて必ず見守るなどの安全管理・指導が必要であろう。

　運動能力の未発達や体力低下も，けがの発生とは無縁ではない。1980年代から子どもの体力低下が指摘されている。テレビゲーム等，遊びの変容等から身体活動量の低下があり，さらにけがに弱い子どもの増加に拍車をかけている。

　このような子どもたちの事故やけがに対して保育者としてできることは，日常的な施設整備，安全点検と，万が一の場合の対処法を身に付けることであろう。ほとんどのけがに有効とされる「RICE処置」は，その基本的な知識とスキルは確認しておきたい。内外出血，腫れを最低限に抑えることがけがの悪化防止，治癒に大きく影響を与えるため「RICE処置」は重要である。けがへの対処法とともに心肺蘇生法を含めた1次救命処置の方法も研修しておくことが望まれる。総務省消防庁の統計（2008年）によれば，119番通報から救急車が現場に到着するには，7〜9分かかるとされており，これは年々遅くなっている。事故の現場における緊急時の対応はひじょうに重要である。

　遊具事故では，支柱の腐食が原因のけがも報告されていることから，施設設備の定期点検の実施により，事故防止を徹底することも大切である。これらは事故防止のための大人がかけるべき「手間」である。事故は遊具使用時に限らずに起きる。日常生活を送る中でも，門扉の把手やハンガーのフックによる事故例もある。園内の安全チェック時に子どもの目線になることが必須である。

　一方で，「転ばぬ先の杖」については考えるべきことも多い。子どもの事故やけがを防ぐことは重要なことであり，低年齢層における「安全管理」は徹底すべきである。しかし危険性を回避するための対応，すなわち危険性の排除が，子どもの危機察知能力や危険回避能力の涵養（かんよう）を妨げているのではないかという議論もある。「安全管理」と「安全教育」のバランスについては，保護者を含め園の内外で多くの議論が必要であり，「安全管理」と共に「安全教育」の比率を高める努力をしなくてはならないのではないだろうか。

　遊びを含め運動や身体活動は，「体力」を向上させるだけでなく，正しい行い方，遊び方の工夫などによる「知力」への働きかけ，ルールやマナーを守り，友達を尊重する等の「徳育」に対しても大きな影響をもつ。同時に安全教育にも力を入れ，事故や危険性に対しての認識をもたせることも保育活動の主眼におきたい。

＊RICE処置法とは
けがの処置を行う際に4つの視点，Rest（安静），Ice（冷却：患部を冷やす），Compression（圧迫），Elevation（挙上：患部を心臓より高い位置で保つ）をもって処置がなされることが大切だとされている。この各々の処置の頭文字をとり，「RICE処置」という。けがをした直後にこの処置を適切に行うことで，治癒力，回復力を高めることができると考えられている。

第7章 保護者への連携と健康指導を考える

保育を行うにあたり、園と家庭との協力、連携は欠かせない。子どもは園と家庭の連続性の中で生活をしている。そのため、子どもの体と心両面の健康を家庭との連携の中でとらえていかなければ、その育ちは保障できない。
また、基本的生活習慣の確立、けが・病気への対応については、保育者が正しい情報を保護者に伝えていく場面も増えている。さらに、情報を伝えるだけでなく、保護者、子どもの立場を考えた伝え方も考える必要がある。これら、子どものために何をどう連携するのかを具体的に解説する。

第1節 「明るく伸び伸びと行動し、充実感を味わう」ための家庭との連携

1 入園当初の子どもたち、保護者の様子

4月、家庭での生活が中心だった子どもたちが幼稚園、保育所、認定こども園に入園してくる。

保護者、子ども共に今までの生活と一変し、分からないことも多く、それぞれが不安に思うことは多い。

母親を恋しがり、泣き続ける子ども。何をしていいか分からず、遊び始められない子ども。園のルールが分からず、自分の好きなことだけをする子ども。初日より元気に遊び始める子ども等、その姿は様々であり、そのそれぞれへの対応が求められることは言うまでもない。

幼稚園の4月。3年保育、2年保育と多くの子どもたちが入園してくる。3歳児年少組は、ほとんどの子どもが初めての集団生活を迎えるのである。

満3歳児入園や2歳児保育を実施している幼稚園では、入園は3歳児4月ではなく、その前の3歳の誕生月や、2歳児の4月に入園

写真7-1　4月幼稚園。3歳児年少組の一場面

第7章 保護者への連携と健康指導を考える

写真7-2　4月幼稚園。3歳児年少組の一場面

をしていることもあるが、多くの子どもは4月、幼稚園に入園をする。

また、4歳児年中組では、すでに幼稚園で生活をし、進級してきた子どもたちと、4月から幼稚園生活を始める新入園の子どもたちが混在していることが多く、4月は3歳児と4歳児、それぞれに配慮が必要になってくる。

2　入園当初の子ども、保護者それぞれの配慮

　子どもと保護者それぞれに期待と不安を抱えた入園時期から、領域「健康」にある「明るく伸び伸びと行動し、充実感を味わう」ことができるようになるためには、いったいどうしたらよいのであろうか。

　入園当初の子どもに対しては、ゆったりとした保育計画と環境が必要である。しかし、ゆったりとは、保育者は何もしないで、子どもをただ遊ばせていればいいというわけではない。何をしていいのか分からずに不安定になっている子どももいるため、すぐに遊び始められるように、たとえば、ままごとセットを準備しておく、ぬいぐるみを多く用意しておく等の環境構成が必要である。

　ものの貸し借りがうまくいかない時期でもあるので、遊ぶものの数は多くし、ものとの関わりが十分にできる環境を用意して、園が安心できる場であることを感じられるようにすることが、まずは大切なことになるだろう。

　そして、その環境でじっくりと遊べる時間の保障もしたい。年齢的に一つの遊びに集中する時間は短いことが多い。しかし、様々な遊びに興味をもち、関わる中で、子どもは徐々に安心感をもつようになる。このように様々な遊びができる環境と時間は、「明るく伸び伸びと行動」できるための基礎的事項ということもできるであろう。

　同じように、着替えや片づけ、排泄、場所の使い方等、一つ一つにとても時間がかかるので、その時間を十分に確保することも大切なことである。

　個々に対する対応もひじょうに大切である。たとえば、泣くという行為にしても、その理由と泣き方は様々である。母親を求めているのか、場所に不安があるのか、大きな声で泣いているのか、しくしくと泣いて

いるのか，短時間泣いて，すっきりして遊び始める子どももいれば，5月頃から泣き始める子どももいる。

子どもたちがなぜ泣いているのか，子どもから聞き取ることはむずかしい。しかし，子どもの姿から泣いている理由を推測し，個に応じた援助を心がけることが大切である。スキンシップを多くとり，穏やかに接するのはもちろんのこと，様々な場所に連れて行く等，気分転換を図る。共に遊ぶ等，様々な方法を試しつつ幼児理解に努める必要がある。

一方，保護者に対してであるが，幼稚園に入園すれば，様々な活動を経験できると思っている保護者も多い。しかし，子どもの様子は先に書いたとおり，一人ひとりの状況が異なり，一つのことをするにも大変時間がかかる状況である。

まずは子どもが安定感をもち，幼稚園が安心できる場であり，生活の場になることが第一であることを，保護者に理解してもらうことが大切である。

写真7-3　4月幼稚園。3歳児年少組の一場面

また，細やかな連絡も必要である。子どもとの信頼関係の構築が大切なことは言うまでもないが，同様に，これから毎日続く園生活を円滑にするためにも，初期の段階から保護者とも信頼関係を築いておきたい。そのためには，小さなことでも連絡をすること，コミュニケーションを保育者側から積極的にとること等の方法が挙げられる。また，保護者が園に訪れる機会も多くしたい。

子どものことを伝える際は，興味のある遊びや意欲が見られること等，肯定的な面を多く伝えたい。また，泣いているのであれば，保護者が安心できるように，泣いている理由と，園での様子や今後の見通し等を伝えられるとよいだろう。

3　日常生活の中で保護者との連携

「明るく伸び伸びと行動し，充実感を味わう」というねらいを達成するためには，園が安心できる場所であることを早い時期に子ども，保護者双方が理解することが重要である。そのため入園当初の配慮は，他の時期とは異なる。それは前出のとおりであるが，入園当初のみ，ていねいに配慮すればよいということではなく，子どもと保護者双方が常に園

第7章　保護者への連携と健康指導を考える

写真7-4　幼稚園3歳児年少組。夏

に安心感をもち，子どもが「明るく伸び伸びと行動し，充実感を味わう」ことができる園であり続けなければならない。

そのためにどのようなことが大切であろうか。保護者との連携を中心に考えていく。

保護者に日常の子どもの姿を伝える機会は，園によって様々である。その機会とは，家庭訪問，個別面談，保育参観等が思い浮かぶのではないだろうか。こういった機会を活用し，保護者に子どもの姿を伝えることも大変重要なことである。しかし，それだけでなく，日常の登降園のとき等に子どもの姿を直接，伝えることも同様に重要なことであり，日常的行為であるからこそ，ていねいに関わりをもちたい。

その際，「明るく伸び伸び」とはどのような姿なのか，「充実感を味わう」瞬間とはどういったときなのか，子どもを見る視点を保育者自身が考えておく必要があり，また，子どもの姿をしっかりととらえ，分かりやすい言葉で伝える技術も必要となってくる。

近年の保護者は，少子化の影響もあり，親になる前の子どもと関わる経験が減少しているといわれる。

ベネッセ教育総合研究所次世代育成研究室「第2回妊娠出産子育て基本調査報告書」(2011)の中に，初めて親になる妻・夫に，自分の子どもをもつ前に，赤ちゃんに身近に接したり，世話をしたりする機会があったかどうかを聞いた調査結果がある。図のとおり，半数前後が子どもと触れ合う経験がない，もしくは少ないまま親になっているのである。

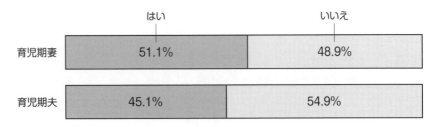

図　赤ちゃんとふれあい経験があったか

出典：ベネッセ教育総合研究所次世代育成研究室「第2回妊娠出産子育て基本調査報告書」2011年，26頁より作図

近年の保護者は「モンスターペアレンツ」という言葉がイメージさせるような"ダメな"親というわけではなく，少子化等の影響で子どものことを知らない，よく分からないまま親になっているケースが多いのである。そのため，子育てについて不安な状態になることも多く，また，不可解な言動をしてしまうことがあるのであろう。

　そのような問題だけでなく，地域関係の希薄化により，相談相手もなく，孤立した子育てをしている保護者も多く，「孤（こ）育て」という言葉で表されることもある。

　以前は，地域で支え合い子育てをしてきていた。交通網も発達しておらず，産業構造も今ほど複雑ではなかったので，働く場所が近隣であることが大半で，地域には多くの大人や子どもがいた。また，子どもの数も多かったので，その分，子どもへの関心度も高く，育ち合う環境があった。それが近年，交通網の発達，核家族化，経済の高度成長等により，地域関係が希薄となり，結果，家庭内でおもに母親が中心となって子育てをするようになってきた。同時に少子化が起こり，前述のように，親になる前に子どもと関わる経験も減少してきたのである。このような状況で子育てすることの困難さを，まずは想像することが大切である。

　このような保護者のおかれた状況を理解することは，保護者との連携では欠かせない要素の一つである。理解することにより，保護者を否定的にとらえることなく，信頼関係の構築ができる。その構築が，子どもの「明るく伸び伸びと行動し，充実感を味わう」園生活の基礎となるのである。

第2節　「自分の体を十分に動かし，進んで運動しようとする」ための家庭との連携

子どもの体の育ちを理解してもらうために

　近年，子どもに習い事をさせる保護者が多いといわれる。ベネッセ教育総合研究所次世代育成研究室が2016年に発表した「第5回幼児の生活アンケート報告書」によると，若干，習い事をしている数は減少をしているが，多くの子どもが習い事をしている状況が分かる（表7-1）。

167

第7章 保護者への連携と健康指導を考える

表7-1 「習い事をしているか」（子どもの年齢別　経年比較）

(%)

	00年	05年	10年	15年
全　　体	49.4	57.5	47.4	48.6
1歳後半児	23.3	25.1	17.1	17.0
2　歳　児	26.8	37.3	24.6	25.7
3　歳　児	42.0	50.9	37.7	29.8
4　歳　児	47.2	54.9	45.8	47.9
5　歳　児	68.6	75.1	67.6	71.4
6　歳　児	75.7	85.5	76.7	82.7

注1）習い事を「している」％。
注2）1歳後半児は，1歳6か月～1歳11か月の幼児。

出典：ベネッセ教育総合研究所次世代育成研究室「第5回幼児の生活アンケート報告書」2016年，18頁より一部抜粋

表7-2　習い事上位5つ（子どもの年齢区分別・性別）

(%)

		未就園児（948）		保育園児（482）	
低年齢	1．バレエ・リトミック	8.6	1．通信教育	6.7
	2．通信教育	7.5	2．英会話	4.5
	3．スイミング	6.3	3．スイミング	4.0
	4．体操	5.0	4．バレエ・リトミック	2.5
	5．英会話	4.2	5．一括購入する教材	2.5
	習い事をしていない	70.1	習い事をしていない	79.4
		幼稚園児（1,317）		保育園児（533）	
高年齢	1．スイミング	29.3	1．スイミング	22.2
	2．体操	23.2	2．通信教育	14.1
	3．英会話	18.7	3．英会話	12.5
	4．通信教育	16.6	4．楽器	10.8
	5．楽器	13.8	5．体操	8.1
	習い事をしていない	26.6	習い事をしていない	43.1

注1）複数回答。
注2）「その他」を含む16項目の中から上位5項目を選択。
注3）現在，習い事をしていないと解答した人を含めた全員の解答を母数としている。
注4）調査時点における子どもの年齢区分は以下のとおりである。
　　　低年齢：1歳6か月～3歳11か月の幼児。
　　　高年齢：4歳0か月～6歳11か月の幼児。
注5）（　）内はサンプル数。

出典：ベネッセ教育総合研究所次世代育成研究室「第5回幼児の生活アンケート報告書」2016年，20頁より一部抜粋

その習い事も様々な種類があるが，表7-2のとおり，運動・スポーツに関する習い事を多くの子どもがしている。

　習い事をさせている理由は様々であろう。しかし，運動・スポーツに関する習い事をさせている理由として，オリンピック選手やプロの選手にさせるために行っているというケースはまれと思える。それよりも，体力向上や基礎体力づくりのために通わせていることが予想される。

　それでは，運動・スポーツに関する習い事をしているだけで，子どもの体力は向上するのであろうか。第4章にあるとおり，日常の身体的な遊びを通して，子どもたちは意欲をもって体を動かし，その結果，体力向上へとつながる。つまり，身体的な育ちの上でも，幼児期には遊びが重要であることを，保護者に理解をしてもらうことが大切である。

　運動・スポーツ的な習い事が無意味であるということではない。しかし，それだけで体力向上につながるのではなく，日々の遊びを通して育つことを保護者に理解してもらえるように，遊びの様子を様々な場面で伝えたり，遊びを通して何が育っているかをていねいに伝えていくことも，連携する上で大切なこととなる。

　現在，「三間（さんま）の減少」（時間・空間・仲間の減少）という言葉に代表されるとおり，子どもたちが降園後に遊ぶ機会が減少している。だからこそ，幼稚園，保育所，認定こども園が，子どもが十分に体を動かして遊ぶことのできる場である必要がある。

　園の役割を伝えつつ，家庭でも工夫をして，体を動かす遊びをすることが，子どもの体を育てていくことになることを伝えていきたい。

　そのために，家庭で工夫できる方法や，家庭でもできる身体的遊びの紹介を，クラス便り等を利用して発信していく必要があるだろう。

　近年，親子遊びに関する書籍等は多く出版されている。そのいくつかを章末で紹介しているので，参考にしてほしい。

第3節　「健康，安全な生活に必要な習慣や態度を身に付ける」ための家庭との連携

1　基本的生活習慣の獲得のために大切な家庭との連携

　「健康，安全な生活に必要な習慣」の一つに基本的生活習慣が挙げられる。基本的生活習慣は，依存から自立へ向けて育つ乳幼児期の課題の

第7章 保護者への連携と健康指導を考える

一つでもある。

その基本的生活習慣とは,
- 睡眠
- 食事
- 排泄
- 清潔
- 衣服の着脱

の5つである。

近年,この子どもの生活習慣が乱れているといわれることが多い。たとえば,文部科学省は2006年に「早寝早起き朝ごはん」全国協議会を発足させた。これは,子どもの生活リズムが整わず,遅寝遅起き傾向や,朝ごはんの欠食がかなりの頻度で見られたため,国のレベルで,その解消にむけて発足されたものである。

また,同じく2006年に東京都では,重点事業の一つとして「子どもの生活習慣確立プロジェクト」を発足（2008年より「乳幼児からの子供の教育プロジェクト」に移行）させている。各地方でも子どもの生活習慣の乱れが危惧され,このような取り組みが様々な方法で実施をされており,今日まで継続されているものも多い。

このように,国や地方までもが子どもの生活習慣を課題としている背景には,家庭の教育力の低下が問題とされることが多い。

しかし,本章第1節（3）で書いたとおり,家庭の教育力低下というより,地域の子育て力の低下や保護者の知識獲得機会の減少が主原因といえるのではないだろうか。どちらにせよ,基本的生活習慣の獲得については,園と家庭との連携が近年さらに重要となったのは言うまでもない。

基本的生活習慣の獲得は,依存から自立に向かう過程において行われる。すなわち,依存傾向の強い乳児の時期から,自立していこうとする幼児期がその中心となる。その基本的生活習慣の獲得に重要な時期を過ごす幼稚園,保育所,認定こども園と家庭との連携のあり方にはどのようなことがいえるのであろうか。

写真7-5 幼稚園3歳児年少組,夏。朝のしたく

①環境を整える

　家庭と園ではトイレの使い方，蛇口，食べるためのイス等，多くの環境が異なるが，子どもたちが取り組みやすい環境を整えること，安心した落ち着いた雰囲気をつくることが，両者ともに大切なことである。

　たとえば，保育所保育指針に次のようにある。

> 食事，排泄，睡眠，衣類の着脱，身の回りを清潔にすることなど，生活に必要な基本的な習慣については，一人一人の状態に応じ，落ち着いた雰囲気の中で行うようにし，子どもが自分でしようとする気持ちを尊重すること（第2章・2(2)アより抜粋）

　落ち着いた雰囲気は，場と時間の両面が大事になる。たとえば，衣服の着脱であれば，周りにおもちゃ等があり，気が散る環境になっていたり，自分でしようとする時間を確保していなかったりすると，落ち着いて取り組みできない。そこで，おもちゃを片づける等，整理整頓はその雰囲気づくりにつながるのである。また，こういった取り組みやすい環境の工夫等を家庭に伝えていくことも大切なことである。

②子どもの気持ちを大切にする

　基本的生活習慣の獲得に限らず，子どもは興味のあること，好きなことには意欲的に取り組む。無理にやらせたり，失敗をけなされたりするような関わりをしているのであれば，子どもの興味，意欲はなくなり，することをあきらめてしまう。だからこそ，子どもから取り組もうとする意欲を認める関わりが必要である。

③模倣

　子どもは周囲の行動を模倣することにより，様々なことを身に付けていく。周囲とは，教師，保護者，友達等，身近な存在であることが多い。基本的生活習慣の獲得においても同様であり，子どものモデルとして，大人が正しい行動を示すことが望ましい。

④繰り返し行うこと

　習慣形成は，週に1度じっくりと取り組むより，毎日の繰り返しが大切である。基本的生活習慣のすべての要素が，毎日の生活に欠かせない要素であるため，毎日，繰り返し指導をしたほうが身に付くのである。

第7章 保護者への連携と健康指導を考える

繰り返しだからこそ，大人側が命令をして行わせるのではなく，子どもが意欲をもって取り組めるようにしたい。また，生活習慣が獲得できてないので，一つひとつに時間がかかる。その時間の確保や大人側が気長に待つ気持ちも大切である。

2 家庭との連携の留意点1（睡眠）

保育所では，乳児は睡眠をとることは多く，また，幼児でも午睡があり，園で子どもたちが睡眠をすることがある。しかし，夜の睡眠が最も時間が長く，質も高いため，保育所の睡眠は補助的なものと考えたほうがよい。一方，幼稚園は，通常の保育時間の中で睡眠をすることはない。ただし，睡眠における習慣形成を園で行わないことはない。家庭との連携こそが，園の一番重要な役割の一つになるのである。

子どもの生活習慣が乱れているといわれるが，特に睡眠については，遅寝遅起きの傾向があるようで，睡眠時間に関する質問が保護者から園に寄せられることが多い。

また，園で個別面談等をする際に事前アンケートを行うことがあるが，そこで起床，就寝時間の項目を設ける園も多い。それは，睡眠が生活リズムを形成する上で大事なことであり，生活リズムが整わなければ，何をするのにもうまくいかないことが多いからである。そして，睡眠時間が少なく，園でも朝からぼうっとしていたり，集中力が続かない子どもがいたりすることに危機感をもっているからである。

そのことに関して危機感をもち，「どうしたら早く寝てくれるのか」と質問してくる保護者もいれば，就寝時間が遅くても，気にしていない保護者もいる。睡眠は家庭の問題ではあるが，問題であることに気付かせるのは園である場合も多いのである。

「子どもに早起きをすすめる会」（www.hayaoki.jp）のサイトに「子どもの睡眠のトラブルについて Q＆A」のページがある。Q＆A方式で答えているのであるが，以下の項目に，上記のような質問の回答がある。

> Q：どうしたら早く寝かせることができるのでしょう？
> いきなり早寝にするのはたいへんなので，まず早起きから始めることがいいと思います。早起きをして朝の光をあびるということは，通常25時間の人間の生物時計をリセットするうえでたいへん重要です。

だから，夜，早く寝かせようというところから始めるのではなくて，夜，早く寝かせるためにはまず朝起こすこと，そして昼間の活動をたっぷりさせること，そして昼寝は午後3時半前にやめること，ここから始めてください。午後3時半過ぎまで昼寝をさせると，これは絶対夜の睡眠に影響します。

　夜なかなか寝ないというお子さんのなかには，夕方5時〜6時ごろに寝ているお子さんがいるのではないでしょうか。お母さんは夕食を作る時間なので，お子さんが寝ていると楽だというのはよくわかりますが，それで午後9時に寝なさいというのは無理な話です。

　同じような質問を保護者から受けることがあった場合，上記の回答例は，様々な人々が読むウェブサイトであるという特質を考えてほしい。質問してきた保護者にこのままを伝えるのではなく，まずは個別の状況を聞き取り，上記の答えを参考に伝えていきたい。

　しかし，このQ＆Aには重要なポイントが書いてある。

・早起きから始めること
・昼間の活動をたっぷりさせること
・昼寝は午後3時半前にやめることである。

　また，同会の発起人の一人である神山は，上記のポイントのほかに次の項目を挙げている。

・決まった時間に寝ることは，親子の大事なお約束
・朝の光は必ず浴びる！
・朝ご飯は欠かさないで！
・遊んで遊んで夜はぐっすり，心も体も元気にな〜れ！
・家族で思い切って，早起き早寝にきりかえる！
・睡眠日誌を1週間！
・おひるご飯は決まった時間に
・夕食とお風呂の時間は子ども時間で決める！
・おやすみ前のテレビは要注意　夜の強い光は，眠りの大敵
・おやすみなさいの魔法は，わが家のオリジナルが一番！
・寝るとき，寝たあと，部屋の明かりは暗くする[1]

　遅寝，遅起きの傾向がある家庭に最初からこれらすべてを行うよう求めるのではなく，各家庭の状況に応じて，一つずつ改善を図るようにし

第7章 保護者への連携と健康指導を考える

たほうがいいだろう。

　子どもの睡眠における生活習慣の獲得のため,「昼間の活動をたっぷりさせること」は,大変重要なこととなる。ここでいう昼間の活動とは,神山のいう「遊んで遊んで夜はぐっすり」と同様のことである。

　朝早く起きる。朝ごはんを食べる。昼間いっぱい遊ぶ。疲れておなかがすく。夜ごはんを食べて満足。そして,夜眠くなる。というのが,当たり前の生活リズムであろう。この当たり前の生活リズムができるように,いっぱい遊べる環境づくりを園で行うことも大切であり,家庭だけが睡眠についての習慣形成をするのでなく,園と家庭が連携して行っていくのである。

3 家庭との連携の留意点2（食事）

　幼稚園教育要領に「先生や友達と食べることを楽しみ,食べ物への興味や関心をもつ」(第2章・健康2(5)) という文言がある。

　幼稚園では,教師や友達と食べることを楽しみにし,また,食べることで安心感を得ることもある。家庭でも同じであり,保護者や兄弟姉妹と一緒に食べることは子どもにとって嬉しい時間であるだろう。つまり,食事は,栄養補給をするだけでなく,コミュニケーションをする時間でもある。

　近年,「こ食」という言葉が盛んに使われるようになってきた。第5章（111ページ）でも触れたが,「こ」に様々な漢字を当てはめ,食に対する問題を表そうとしているのである。

　また,子どもだけで食べる「子食」等,「こ食」の数が増えてきている。つまり,それだけ食の問題が増加し,多様化していることの表れということもできるのである。これらの問題の中で,孤食,個食,子食等は,食におけるコミュニケーションの問題である。

　NHK「子どもたちの食卓プロジェクト」が1982年,1999年と小学校5年生に食事について調査したものがある。その中で,誰と食事をしているかと小学校5年生に質問したところ,
〈朝食〉
　1982年………ひとり 17.5%,　子どもだけ 20.6%
　1999年………ひとり 26.4%,　きょうだい 24.5%
〈夕食〉
　1982年………ひとり 9.1%,　子どもだけ 7.6%

1999 年………ひとり 7.3%，きょうだい 7.3%[2]

との結果であった。この結果から，特に朝食は孤食，子食傾向の子どもたちがいることが分かる。また，夕食に関しても，少ないとはいえない数字であろう。幼児期の子どもたちが同様であるとはいえないが，このような傾向にある可能性はある。

　家庭での食事の時間は，会話をすることで，家庭内の情報交換，子どもの日々の成長や変化を観察できる時間にもなる。また，食事の時間が楽しいものであれば，子どももリラックスできるであろう。

　近年，就労の長時間化もあり，なかなか家族そろっての食事が困難な家庭が多いのも事実であるが，その時間が子どもにとって重要なものであることを，園から発信する必要があるだろう。

　また，食事はしつけの時間でもある。食事に関してのしつけは，箸のもち方，口を開けて食べない，肘をつかない，食べ物を口に入れたまま話をしない等，多種多様である。これは，ほかの人と一緒に食べるためのマナーであり，健康管理をする上でも欠かせないものである。

　しかし，これらのことばかりうるさく言われ続ける食事の時間では，子どもにとっては苦痛であろう。幼稚園教育要領にもあるとおり，本来，食事は楽しい時間であるべきである。また，苦痛を感じることで意欲は減退するので，それでは生活習慣の形成がむずかしくなるだろう。よって，食事は楽しい時間であることが基本となり，その中で，しつけに関しては繰り返し伝えていくようにすべきといえる。

4　家庭との連携の留意点3（排泄）

　排泄に関しては，おむつをいつはずすのかということに悩む親が多いことが，課題として挙げられる。近年，幼稚園の入園時におむつがはずれてないことを心配する保護者が増加し，幼稚園入園後もおむつをしている子どもも増えた。そのため，おむつは保育所だけでなく，幼稚園でも検討すべき課題ともなってきているのである。

　基本的生活習慣の獲得に必要な要素の一つに，不快を感じ，快へと自ら変えていく意識がある。近年，おむつの大半が紙おむつであり，しかも，その紙おむつの性能が向上し，おむつかぶれがしにくくなり，尿の吸収力が高まることで，不快を感じることが少なくなった。不快を感じることがないのだから，快に自ら変えていこうと思うことがなくなり，おむつを嫌がらず，結果，おむつをはずす時期が遅くなってきているのである。

第7章 保護者への連携と健康指導を考える

　また，おむつもパンツ型やトレーニングパンツ等，種類も増え，サイズもかなり大きいものが購入できるようになってきた。その種類やサイズを一つ一つ経過していくことも，以前よりもおむつがはずれるのが遅くなってきている要因の一つとなっている。

　おむつに関しては，保護者が触れる情報量が多種多様であり，その情報に翻弄され，混乱する保護者も多い。そのような状況であるからこそ，保育現場から正しい情報を保護者に伝える必要がある。

　このような状況なので，はずれないことを，保護者だけの責任としないこと。パンツで失敗することを恐れず，失敗してもあたたかく子どもを受けとめること。子どもが不快を感じることは悪いことではなく，不快から快へ自分で変えられることが大切であること等，園から保護者に伝えていくことも大切なことになる。

　おむつはサイズの拡大もあり，夜間おむつを着用している小学生も少なからずいるという。家庭だけの問題にするのではなく，園でもトイレでおしっこができたらほめる等，一緒に取り組んでいきたい。

5　家庭との連携の留意点4（清潔）

　基本的生活習慣における清潔の項目は多岐にわたる。手洗い，うがいはもちろんのこと，手を拭く，歯磨き，鼻をかむ，髪をとかす，爪を切る等であり，その多くは，安全，衛生面に関する。

　手洗い，うがいは，園でも遊んだ後，食事前等，する機会は多い。また，必要性を感じている保護者も多いので，連携においては，効果的な手洗い，うがいの方法等を伝えるとよいだろう。

　歯磨きも同様に効果的な磨き方を伝えることも必要であるが，歯ブラシを口にくわえたまま，歩く，走る等は危険を伴うこともあわせて伝えていきたい。

　また，子どもの歯ブラシの習慣化は大切であるが，子ども自身が歯を磨くだけでは，虫歯を予防しきれないことがあるため，大人が仕上げをすることも大切である。これらのことは，園が嘱託している歯科医師と連携をすることで，さらに効果的な連携が図れる（第6章134～135ページ参照）。

　清潔面で保護者が見落としがちなのが，爪を切ることである。爪は毎日切るものではないので，知らず知らずのうちに伸びていることが多い。爪が伸びていることで，爪の間に雑菌が入り込み，そのままものを食べ，

病気になる危険性もある。また，爪が伸びていることで，ほかの子ども
をけがさせてしまう可能性もあるので，注意が必要である。

　このように，清潔の習慣形成は多様であるため，衛生管理も含め，細
やかな対応，連携が必要となってくる。

6　家庭との連携の留意点5（衣服の着脱）

　衣服の着脱は「脱ぐ」から「着る」へと習慣化の順番がある。子ども
にとっては，着ることのほうがむずかしいのである。よって，子どもが
自分で着られるような服装を選ぶことが，まずは重要なことになる。

　子どもが着やすい服としては，子どもは頭が大きいので，首回りが広
い，もしくは伸縮しやすいものがよい。また，指がまだ器用に動かせな
いので，ボタンがあるのであれば，大きめなものにする等のポイントが
ある。

　さらに，衣服の着脱は，気候に応じた洋服の調整も重要なこととなる。
子どもは，大人よりも体温が高い傾向にあるため，大人より暑く感じや
すい。そのため，薄着でいることが基本となる。

　もう一つのポイントは，遊びやすい服装であることである。子どもは
日中，様々な遊びをしている。遊びやすいとは，動きやすさと危険性の
少なさの両面から検討をする。

　動きやすさを考えても，厚着より薄着のほうがよい。また，危険性で
いえば，フードやひも等で首が絞まってしまう事例が報告されているの
で注意が必要である。

　全日本婦人子供服工業組合連合会は，2010年に「子供衣類の設計に
関する安全対策ガイドライン」という自主規制の安全基準を策定してい
る。

　・視覚，聴覚の妨げにならないよう，フードのサイズに留意するこ
　　と。
　・力が加わった際に本体から外れるようなホック仕様等も有効に活
　　用すること。
　・7歳〜8歳未満の製品（参考サイズ120cm未満）についてはフード
　　及び衿首部分に引き紐は採用しないことが望ましい。
　・ファスナーの取り付け位置を顎や首を挟まないように慎重に設定
　　し，（中略）直接肌に当たらないように工夫すること。[3]

第7章 保護者への連携と健康指導を考える

服を製造する上でのガイドラインだが，購入する際の参考にもなるものであり，園でも，園児の服装に関して参考になるだろう。

近年，子ども服も多様化しており，デザイン性が高いものも多い。しかし，すべてのものが着やすいこと，遊びやすいこと等を意識してつくられたものではない。洋服を選ぶのは個人の自由であるが，子どもの基本的生活習慣の獲得の留意点や安全性の意識を保護者にもってもらうことを，園から伝えていくことも大切なことであろう。

7 安全習慣の獲得のために大切な家庭との連携1（けが・事故について）

子どもの安全習慣の獲得のために大切なことは，小さなけがすらしないことではなく，小さなけがを繰り返し，大きなけがをしないような習慣や行動を身に付けることである。このことは第6章に詳しく書かれているので，ここでは家庭との連携について考えることにする。

本節では，事故，けが等に対する安全習慣の獲得のための家庭との連携，そのためにリスクの理解と，けがが起こった後の対応の2点を中心に進めていく。

荻須は，「試みる・挑戦するといった子どもの行動の中で生じてくる危険は，「ハザード」と区別して「リスク」と表現される」[4]としている。これを前提に，「「リスク」を伴う遊びを禁止することは，自ら「リスク」を判断し，危険を回避したり，予知する能力を身につける機会を失わせることにもなる」[5]とし，子どもの周りから危険を完全に排除することは，安全能力の獲得につながらないとしている。また，子どもが判断できない危険は「ハザード」であり，こちらは，点検表等を利用して，できる限りなくす努力をしなければならない。

これらのことを園が努力することはもちろんのこと，保護者にも理解をしてもらうことが大切であり，その中でも一番理解してもらいたいことは「リスク」の必要性である。

けがをまったくしないことは，子どもの安全能力の獲得につながらない。危険の判断や予知もできないようになり，それはもっと大きなけがにつながる恐れがあることを，まずは保護者に理解してもらいたい。親であるからこそ，我が子が痛がる姿は見たくないだろう。その気持ちは理解しつつ，「リスク」の重要性を伝えていくことが大切なことである。

一方，大きなけがが起こったときの対応である。病院に行くような大

きなけがが万が一，園内で起こってしまったとき，病院に搬送する手続きをとるとともに，すぐに保護者に連絡をする必要がある。

　それは，手術となった場合，保険証の提示と親の同意が必要になるためでもあるが，それだけでなく，けがをしたことを後から知らされたときの保護者の気持ちを考えたならば，至急連絡することは当然のことといえよう。

　その際の連絡方法は園によって異なる場合が多い。誰がどのように連絡するのか等，園内のルールがあらかじめ決まっているので，それに従うようにする。

　一般的には，けがが起こってしまったことへの謝罪，けがが起こった状況，部位，けがの状態等を伝えると同時に，園での対応，保護者がすべきことを伝える。また，状況が落ち着いた後，今後の園内の対応（どのようにハザードをなくすか等）の検討，子どものその後の心身両面のケアについても，保護者と相談する。

　けがや事故は，園内だけでなく，家庭内でも発生する。その発生割合を，園と保護者との連携において低下させることはできないだろうか。厚生労働省が調査している2016（平成28）年の人口動態統計をみると，不慮の事故の種類別割合では窒息が0歳児で84.9％と圧倒的に多く，1歳から4歳では，溺死および溺水が30.6％となっている。それ以外にも事故の原因として，やけど，誤飲，転落，転倒，中毒等が原因として挙げられる。

　畑村は，家庭や町で起こる危険を，項目ごとに次のような事例で紹介している。

「おぼれる」…おふろ，バケツ，トイレ

「やけど」……ポット，アイロン，炊飯器

「誤飲」………たばこ

「窒息」………ビニール袋

「転落」………階段，ベッド，ベランダ

「挟まれる」…玄関，自動車，電車，シャッター，回転ドア[6]

　子どもが事故を起こしやすい危険は年齢によって異なるが，たとえば，乳児期の誤飲を防ぐため，「口径が39mm以下のものは，1m以下の場所に放置しないようにする」[7]としており，ミニトマト，コンニャクゼリー，硬貨，ボタン電池等は，乳児にとってはハザードになり得るものもある。

　これらのことを，ハザードと認識していない保護者もおり，また，逆

第7章 保護者への連携と健康指導を考える

にあらゆるものをハザードとし,危険に過敏になっている保護者もいる。保護者と子どもの安全についてよく話し合いをして,その保護者の現状に合った対応をすることが保育者には求められるだろう。

8 安全習慣の獲得のために大切な家庭との連携2（病気について）

　第6章（152～156ページ）でも触れているが,乳幼児期には,様々な病気になる場合が多い。また感染症も,インフルエンザ,溶連菌感染症,ヘルパンギーナ,手足口病,プール熱等,様々な種類があり,子どもの病気は親の悩みの一つということができよう。

　感染予防のためには,うがい,手洗いの徹底と情報提供が挙げられる。うがい,手洗いに関しては,本章第3節5にて解説をしているので参照してほしい。

　情報提供とは,園内で,どのような感染症が流行しているかを保護者に伝えることである。それを伝えることにより,保護者は,同じような症状が発生したときに,早期対応がしやすくなる。また,感染症が流行しているときは,いつにもまして予防に注意することができる。

　なお,感染予防のために,園では様々な衛生管理を行っている。特に乳児がいる保育所では,細かい衛生管理がされている。同じことを家庭に求めるのは困難であるが,園での事例を保護者に伝え,参考にしてもらうことはできる。

　一方,幼児の場合,「子どもが行きたがっている」といった理由から,熱があっても登園してくるケースもある。その場合,園によって対応は異なるが,たくさんの子どもがいる場所であり,感染予防の観点からもあまり好ましくないので,保護者に理解をしてもらう必要がある。

　病気の予防は,園,家庭それぞれが行うものではなく,連携において行うものである。集団生活の場である園と個人の場である家庭,それぞれ環境は異なるが,連携し協力することによって感染拡大を防止していきたい。たとえば,クラスだより等の手紙や,感染拡大は即時性が大切であるので,メールやブログ等のシステムを活用することも今後,必要になってくる。

　園によって方法は異なるが,病気になって苦しむのは子どもである。子どもの幸せを一番に考えた対応を,園と保護者が連携して考えていくべきであろう。

① 幼稚園3歳児4月の子どもたちの様子を想像し，クラスだよりを作成しよう。
② 親子でできる運動遊びを5つ選び，それらを家庭で遊べるようにどう伝えるか述べよう。
③ 乳児における家庭内の「ハザード」にはどのようなものがあるか，自宅を参考に理由とともにリスト化しよう。

引用文献

1 神山潤『子どもを伸ばす「眠り」の力』WAVE出版，2005年，82-122頁より一部抜粋
2 足立己幸『知っていますか子どもたちの食卓——食生活からからだと心がみえる』NHK出版，2000年，216-219頁より一部抜粋
3 全日本婦人子供服工業組合連合会他「子供衣類の設計に関する安全対策ガイドライン（改訂版）」2010年
4 荻須隆雄他『遊び場の安全ハンドブック』玉川大学出版部，2004年，67頁
5 荻須他，同書，67頁
6 畑村洋太郎『子どものための危険学』畑村創造工学研究所，2008年，10-60頁より一部抜粋
7 畑村，同書，28頁

参考図書

◎ 井上明美『行事で使える！ 保育の親子あそび』自由現代社，2010年
◎ 金澤治監修『0〜5歳児 ケガと病気の予防・救急まるわかり安心BOOK』ナツメ社，2012年
◎ 河邉貴子他『保育内容「健康」』ミネルヴァ書房，2009年
◎ 神山潤『子どもの睡眠——眠りは脳と心の栄養』芽ばえ社，2003年
◎ グループこんぺいと編『0・1・2歳児の親子ふれあいあそび41』黎明書房，2003年
◎ 近藤充夫編『保育内容・健康』建帛社，1989年
◎ 近藤充夫編『領域 健康 三訂版』同文書院，2003年
◎ 佐々木祐一『なにしてあそぶ？ 保育園・幼稚園で人気の親子体操』草土文化，2007年
◎ 鈴木みゆき『早起き・早寝・朝ご飯』芽ばえ社，2005年
◎ スティーブ＆ルース・ベネット『子どもが育つ親子遊び365』ポプラ社，2003年
◎ 内閣府食育推進室『親子のための食育読本』2010年
◎ 前橋明編著『ふれあいあそび大集合／手あそび・ゲーム・体操』ひかりのくに，2011年
◎ 山縣文治編『子育て支援シリーズ第5巻 子どもと家族のヘルスケア——元気なこころとからだを育む』ぎょうせい，2008年
◎「子どもの早起きをすすめる会」www.hayaoki.jp

第8章 乳幼児の健康にまつわる今日的課題

子どもを取り巻く環境の変化は，子どもの基本的な生活リズムの確立や生活習慣の習得，運動経験の量や質に大きな影響を与える。また，運動経験は子どもの体力や体のコントロール力，つまり，運動能力の獲得にも関わりをもつこととなる。そのため，本章では，幼児期にとっての健康な生活とはどのようなことか，幼児期に育てたい健康への意識，運動に関する能力とはどのようなものかを考えることとする。

第1節 乳幼児の生活環境と体の育ち

幼児期の体の育ちには，園や家庭が行う教育の内容のみではなく，幼児を取り巻くすべての環境が影響する。1980年代と比較して2000年代の現在は幼児を取り巻く物理的・心理社会的環境が変化している。ここでは，現在の幼児がおかれている物理的・心理社会的環境と，それが幼児の心身の発達に与える影響について見ていく。

1 3つの「間」の減少

遊びが充実するための重要な条件として，時間・空間・仲間が挙げられるが，この3つをまとめて「三間(さんま)」と表現することがある。この「三間」が減少していることが指摘されている。なお，この「三間」は完全に独立しているわけではなく，仙田満が指摘しているように互いに影響し合っているものである（図8-1）。これらの「三間」の減少は乳幼児期に必要な様々な経験を阻むことにつながりかねず，教育・保育に携わる者として，幼稚園や保育園という集団保育の場で，このような経験をどのように補うのかを考える必要があるだろう。

(1) 遊ぶ時間の減少と電子メディア

現在の幼児にとって最も身近な電子メディアはテレビやビデオであるが，テレビが普及した1967年の児童は，「テレビ視聴時間の平均は平日

第8章 乳幼児の健康にまつわる今日的課題

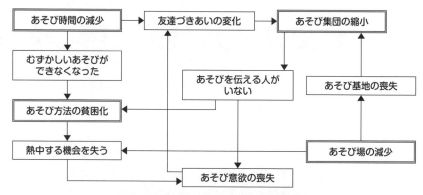

注）→は影響を与えるものから与えられるものへ

図8-1　あそび環境の悪化の循環

出典：仙田満「あそび時間の変化」『環境デザイン講義』彰国社，2006年

で2時間21分，日曜日は4時間」(清川輝基「メディア環境と幼児の育ち」『チャイルドヘルス』9(9)，2006年）であったとされる。2000年代に入った現在の乳幼児は，ＮＨＫ放送文化研究所の調査によると0歳児で3時間47分，1歳で4時間2分，テレビやビデオにふれているとされており，厚生労働省の調査では3歳6か月の幼児が2時間以上テレビを見ており，そのうち8％は4〜5時間以上見ているとされる。このように1960年代の児童よりも現在の乳幼児はテレビやビデオにふれているのである。また近年では，テレビゲームや携帯ゲームの普及によって，幼児からゲームをする子どもも多くいる。

　このような電子メディアとの関係を完全に断つことはむずかしくとも，乳幼児期は大人が適切な関わりを判断し管理することが必要である。幼児期にテレビを3時間以上視聴すると「会話が一方的になる」「気に入らないと物を噛んだり投げたりする」「落ち着きがない」「言葉が遅れている」といったことが多くなるとされている。アメリカ小児科学会は，2歳未満の幼児にはテレビを視聴させず，2歳以上の幼児には1日2時間以上はテレビを視聴しないようにするように勧告しており，日本小児科医会も同様の提言をしている。テレビを消すことによって，幼児の感情表現が豊かになったり，落ち着きが見られ，言葉の増加が見られた事例も多く挙げられている。このように，幼児期に電子メディアとの接触をコントロールしていた幼児は，そうではない幼児と比較して児童期の就寝時間や学び，メディア習慣，共感性等に関して差異が見られており，幼児期の電子メディアとの関わりが児童期以降にも影響を与えるのである。

テレビやビデオの視聴やゲームをすることによって，そこから得た情報によって直接的に幼児に影響を与えることも多々ある。だが，幼児に与える影響はそれだけではない。テレビやビデオを視聴している間は室内で身体を動かさないでいることが一般的である。そのため，テレビ視聴の時間が長くなればなるほど，戸外で身体を動かして遊ぶことができる時間も減少する。その結果，運動経験が減少し，心身の発達が阻害されるという影響も大きい。

　テレビやビデオの視聴やゲームをすること以外に，習い事等も幼児の遊びの時間の減少に影響していると考えられる。幼児期は，男児は水泳教室や体操教室，女児はピアノ教室やバレエ教室といったものが多く，学習教室のようなものよりも実際に身体を動かすものが多く，幼児自身も楽しんで通っている場合も多い。

　しかし，指導者が指導を行う教室であるという性質から，幼児が楽しんでいたとしても幼児が自ら遊びを選択する主体的な活動とはなりにくく，幼児の経験は指導者が設定した範囲内と限定的なものとなる。習い事を否定するということではないが，テレビやビデオの視聴やゲームをすることと同様に，幼児の心身の発達を最優先に，適切に大人がコントロールする必要がある。

（2）戸外での遊び空間の減少

表8-1　6つのあそび空間の条件

あそび空間	あそび場の状態	あそび場
自然スペース	木，水，土を素材として生き物がいる状態	山，川，田畑，水路，森，雑木林等
オープンスペース	広がりがある状態	グラウンド，広場，空地，野球場，原っぱ等
道スペース	人が通る道がある状態	道路，路地等
アナーキースペース	混乱し，未整理な状態	焼跡，城跡，工事現場，材料置場等
アジトスペース	秘密の隠れ家の状態	山小屋，洞窟，馬小屋等
遊具スペース	遊具がある状態	児童公園，遊具公園等

出典：仙田満「あそび時間の変化」『環境デザイン講義』彰国社，2006年

　仙田は，幼児の遊び空間を物理的な場所ということではなく，遊びの行為のイメージをもった実体的空間としてとらえて，自然スペース，オープンスペース，道スペース，アナーキースペース，アジトスペース，遊具スペースの6つに分類している（表8-1）。遊び空間の年次推移を見ると1955年頃から1977年頃の間に大都市では約20分の1，地方都市では約10分の1に減少しており，遊び空間別にみると特に自然スペー

第8章 乳幼児の健康にまつわる今日的課題

スの減少が著しい。さらに1995年頃までの20年間で約2分の1〜4分の1になっており，急激に戸外での遊び空間が減少していることが分かる。横浜における遊び空間の調査によると，工事現場や材料置き場等，混乱し未整理なアナーキースペースは2003年には遊び空間としてはまったく見られなくなった（図8-2）。

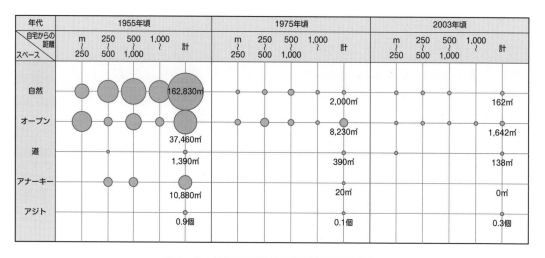

図8-2　横浜におけるあそび空間量の変化
出典：仙田満「あそび時間の変化」『環境デザイン講義』彰国社，2006年

　戸外で遊ぼうと思っても，近隣に遊び空間がないのが特に都市部の現状である。遊び空間を再度復活させるという視点も重要であるが，すぐに実現するわけではない。そのため，幼児にとって園の遊び空間の存在が重要性を増していると考えられる。オープンスペースに分類されるグラウンドのように，何もない広い場所も必要であるが，それだけではなく，築山があったり隠れる場所があったりと，多様性をもつことが園庭にも求められるのである。しかし，園の園庭も広さや構造には様々な制限がある。また保育所の場合，児童福祉施設の設備及び運営に関する基準の第5章第32条の5には，「満二歳以上の幼児を入所させる保育所には，保育室又は遊戯室，屋外遊戯場（保育所の付近にある屋外遊戯場に代わるべき場所を含む。次号において同じ。），調理室及び便所を設けること」（1948（昭和23）年12月29日厚生省令第63号）とある。このため，園庭を確保することがむずかしい都市部等で付近の公園を園庭の代わりとすることが容認されており，そもそも園庭のない保育所が存在している。戸外での遊び空間において，幼児が使用したいときに使用できること，日常的に使えるということは遊びの広がりや深まり，遊びの連続性を支える上で

重要である。近隣や園の両方に遊び空間がないという幼児たちの生育環境は，戸外での身体を使った遊びによって幼児期の心身の発達が促されることを考えると深刻な問題である。

（3）仲間集団の減少

　園は多くの場合，幼児が初めて集団生活を経験する場であり，仲間集団をつくるきっかけにもなりやすいが，園外でもその仲間と遊べるとは限らない。通園バスを有している園の場合，幼児同士が行き来するにはむずかしい広範囲からそれぞれ園に通うことも多い。また保護者同士の就労の違いによって，登園と降園の時間が異なる場合もある。このようなことから，園から帰ってから，園の同じ仲間と出会って遊ぶということが日常的にはむずかしい幼児がいる。また，きょうだいや知り合いの児童といった，年齢の近い年長者と一緒に遊ぶという経験も，現在では経験しづらくなってきている。居住地が住宅地か農地等が広がる郊外かといったことによって状況は異なるが，家の近所で仲間集団が自然とつくられるという環境でない場合，園での仲間集団の形成と集団で遊ぶ経験がより大切になる。

　園では年齢ごとにクラスが編成されている場合と，異年齢でのクラスが編成されている場合があるが，どちらであっても，幼児が主体的に自由に好きな遊びを選択して過ごす時間（自由遊び）は，異年齢の幼児と関わることが可能である。しかし，同じ年齢同士のほうが遊びの理解や内容も近いため遊びやすいことや，同じクラスの友人といることで安心するといったことから，同年齢や同じクラスの友人の数人といった小規模の仲間集団がつくられやすい。気の合う少人数の仲間と遊び，その遊びを深めることが大切であることはもちろんであるが，大集団や異年齢集団での経験も幼児期には必要である。それは，ヴィゴツキーの唱えた発達の最近接領域の考え方によって重要性が支持される。発達の最近接領域とは，簡単に言えば仲間との関係があるからこそある物事ができたり，理解できる領域のことである。幼児自身ができないことは，保育者の大人がすべて教えなければできないということでなく，仲間と一緒であればできることもあるということである。このようなことが遊びの中でも見られ，同じ仲間とのやりとりの中で学ぶことはひじょうに多いのである。よく一緒に遊ぶ仲間の数を調べたところ，一人で遊ぶことが多い幼児よりも，3人以上でよく遊ぶ幼児のほうが，男女ともに運動能力が高いことが全国調査によって明らかにされている。

第8章 乳幼児の健康にまつわる今日的課題

　大きな仲間集団や異年齢集団での遊びを活発にするためには，自由遊びの時間等で，どの年齢の幼児でも工夫しながら遊ぶことのできる，遊びのコーナーを教師が準備することも有効な方法である。このコーナーは物的な区切りを指しているのではなく，戸外であれば砂場コーナー，鬼遊びコーナーといったように，遊びが提案される場であればよい。大切なことは，どの学年の幼児も，どこにどんなコーナーがあるか分かっていることと，異年齢でも親しめる遊びであることである。保育者は，大きな仲間集団や異年齢集団での遊びになることを事前に見通して，教材研究を行う必要がある。ある程度遊びの選択肢を絞って保育者が準備することによって，仲間集団での活動を引き出すための配慮であるが，ここでも当然のことながら遊びを幼児に押しつけることなく，幼児自身が主体的に遊びを選択できるようにすることが大切である。

2 遊びの変容

　テレビの視聴時間が増加傾向にあることはこれまでにふれたが，その影響もあり幼児の遊びの内容を見ると戸外遊びが減少し，室内遊びの時間が増加していることが指摘されている。この傾向には，母親の戸外遊びへの意識が大きく関わっていると考えられる。天気のよい日に外で遊ばせるか3歳児検診で尋ねた原田によると，1980年は74.1％であったのに対し，2003年は57.2％まで減少している。そして，天気のよい日に外で遊ばせるかどうかは，住環境をはじめとした要因との関連性はほとんど見られず，母親に外遊びをさせようという意志があるかないかということが影響していた。[1] 園で戸外遊びを盛り上げることも重要である一方で，子育てをする保護者に戸外遊びの大切さを伝えていくことも必要である。

　実際の児童の遊びにおいても変化は明らかであり，メンコ，かくれんぼ，缶けりといった伝承遊びが見られなくなり，男女ともにテレビゲームがよく遊ばれるようになっている。また自転車，一輪車，お絵かきといった一人でもできる遊びが上位にきていることも特徴であり，幼児同士自ら仲間を集めて集団で遊ぶことが減少していることが見受けられる。また集団で遊ぶものでも，サッカーやバレーボールといった組織化されたスポーツが好まれるようになっている。これは，幼児自らが遊びを考えて選択する機会が減少し，スポーツ少年団のように特定の競技を行うクラブ活動への参加が幼児にとって身近なものになっているからで

あろう。そのため，何かしらのクラブ活動に参加するかどうかによって，体を動かす機会を得ている幼児と，行っていない幼児の二極化が見られていることが指摘されている。男児は昔から野球を好むことが示されているが，同じ野球でも，幼児同士が公園で自ら集まり競技用具が十分にない中で工夫しながら行うものと，グラウンドで大人が競技の指導を行うものとでは内容としては異なると考えられ，数十年前の野球と現在のものとでは異なる遊びであると予想される。

男 子

小学生（低〜高学年）	30歳代	40歳代	50歳代	60歳代	70歳代
①テレビゲーム	①野球	①野球	①メンコ	①メンコ	①メンコ
②サッカー	②缶けり	②メンコ	②ビー玉	②ビー玉	②野球
③野球	③メンコ	③ソフトボール	③野球	③野球	③かくれんぼ
④自転車	④サッカー	④缶けり	④ソフトボール	④戦争ごっこ	④ビー玉
⑤カード遊び	⑤かくれんぼ	⑤かくれんぼ	⑤チャンバラ	⑤かくれんぼ	⑤陣取り

女 子

小学生（低〜高学年）	30歳代	40歳代	50歳代	60歳代	70歳代
①テレビゲーム	①かくれんぼ	①ゴム跳び	①缶けり	①お手玉	①お手玉
②一輪車	②缶けり	②かくれんぼ	②かくれんぼ	②なわとび	②なわとび
③お絵かき	③ゴム跳び	③缶けり	③なわとび	③かくれんぼ	③かくれんぼ
④バレーボール	④ままごと	④なわとび	④おはじき	④石蹴り	④まりつき
⑤なわとび	⑤なわとび	⑤鬼ごっこ	⑤ゴム跳び	⑤鬼ごっこ	⑤おはじき

図8-3　放課後の遊びの移り変わり（年代別にみた子どもの遊びベスト5）
出典：中村和彦『子どものからだが危ない！——今日からできるからだづくり』日本標準，2004年

第2節　乳幼児期の健康支援

　そもそも，乳幼児期にはぐくむべき，子どもの運動能力，健康に対する子どもの意識とはどのようなものであろうか。様々な養育観が尊重される今日，また，子どもを取り巻く環境の変化が著しい中，その基本を再考する必要があると思われる。

　近年，様々な運動や競技スポーツ文化が洗練されると同時に新しい文化も生まれ始め，その中では10代の若手選手が活躍している姿がマスコミを賑やかしている。そのような中，多くの子どもたちが身近な年齢

第8章 乳幼児の健康にまつわる今日的課題

である若手選手に憧れをもち，習い事をはじめ，様々なスポーツに挑戦したり，努力の積み重ねをしたりする姿が見られる。体を動かすこと，様々なスポーツに関心をもつこと，競技に参加することは大切であるが，過度なトレーニングをしていたり，保護者の思いが先行した，無理な取り組みをしていたりする子どもたちがいることは否めない。また，物質的な豊かさや過度な防犯意識のもと，室内での生活が主になり，運動する経験が極度に減少している子どもたちもいる。こうした現状の中で，幼児期・児童期の子どもの運動に対して意識や経験を見直す動きが出てきている。その一つが，国が掲げた「幼児期運動指針」であろう。2012（平成24）年度に策定され，これからを生きる子どものたちの人づくりに大きな投げかけをしている。

そこでは，生涯にわたって健康を維持する意識とその方法，それぞれの成長に必要な運動の質や量についての提言をしており，今後の子どもの育ちを支えるものとして多くの知見が得られる。

やはり，ここで重要にしているのは，各スポーツに対応する技能の習得と強化が目的ではなく，運動に取り組む気持ちを支えることと，基本的な動きづくりである。以下，提言されていることから，乳幼児期の運動において示唆が得られるものをピックアップして，健康支援について考えてみる。

> ・動きの獲得には，「動きの多様化」と「動きの洗練化」の二つの方向性がある。
> ・基本的な動きには，立つ，座る，寝ころぶ，起きる，回る，転がる，渡る，ぶら下がる等「体のバランスをとる動き」や，歩く，走る，はねる，跳ぶ，登る，下りる，よける，すべる等「体を移動する動き」，持つ，運ぶ，投げる，捕る，転がす，蹴る，積む，こぐ，掘る，押す，引く等の「用具等を操作する動き」がある。

この2点は，乳幼児期の運動とは何か，ということを考えるのにとても大きなヒントをもたらしていると考える。まず，第一に考えるべきことは，乳幼児期は「動きの多様さ」に重点をおくことではないだろうか。生活や遊びを通して様々な体の動きを経験し，その経験を重ねる中で，その子どもの生活に必要な動きが精錬化されることになる。つまり，技能の習得やスポーツに必要な動きの強化といった「動きの精錬化」が優先されるのではなく，生活や遊びの中で様々な動きを経験することと，遊びこむ中で十分に体を動かすこと，また，その中で感じられる心地よさ，喜びを大切にして，その後の運動経験に進んで取り組めるようにす

ることが大切になる。

　また，基本的な動きとして，「体のバランスをとる動き」「体を移動する動き」「用具等を操作する動き」という視点の中で「動き」を紹介し分類している点で，幼児期に必要な「多様な動き」とはどのようなものかを考えることができる。同時に，乳幼児期の子どもの動きを考える際に，「動かないものに対して体を合わせる力」「動いているものに体を合わせる力」も大切であるともいわれる。

　つまり，乳幼児期の健康支援としての運動経験を考えるには，生活や遊びの中に動きを読み取り，分析する視点をもち意図的に取り組むことや，保育者が投げかける遊びや運動的な活動を組み立てる際に，意識して子どもの生活や遊びの豊かさを追求する必要があると考えられる。また，経験を通しての感情を大切にし，個々人を認め，次の運動経験・活動につなげ，体力づくりができるように関わることが求められるだろう。

第3節　病気の子どもの保育

1　教育・保育の中での子どもの病気

　子どもの健康を考えるとき「健康であること」が望ましく，その状態を維持すること，よりよい状態に向けることを前提に考える。しかしながら，子どもは常に「健康である」のでなく，病気をすることも少なくない。視点を変えるならば，子どもの生活と病気は常に隣り合わせであり，子どもは病気をして体を強くし，病気を通して体を育てることもある。病気をすることで抵抗力がついたり，病気と闘うことで体力をつけることもある。確かに病気になることは望ましくないし，防げる病気は事前に予防し，病気に罹患しないことには越したことがない。ただ，乳幼児期にまったく病気をしないで大きくなることはない。

　幼稚園や保育所で生活をしていても，体調の不調が見受けられた子どもが自身が不調を訴えることもある。そのために，保育者は病気に関わる正しい知識とその対応が求められる。同時に，必要に応じた判断を下し，保護者に連絡して相談したり，嘱託医や各家庭のかかりつけ医等の専門機関と連携を図ったりして，子どもにとってよりよい状況を確保することを第一にすることが求められる。つまり，保育の中で子どもの健康を観察する以下の視点をもち，子どもから発信されるSOSをしっかりと

第8章 乳幼児の健康にまつわる今日的課題

受けとめる必要がある。
・顔色
・目元の様子（潤み目，乾き目，まなざしの強さ）
・体温（手足の体温，うなじの下のあたりの体温）
・肌のはり（脱水等の状況では「はり」が弱いときがある）
・排泄の回数と量
・機嫌
・食欲
・遊びや活動への参加意欲と態度
・せき，鼻水の状況や症状の変化

このような中に示される子どもからの言葉にならないSOSは，日常を共にしているからこそ，その変化に気付けるのも保育者の専門性をもった視点と判断による。保育者の役割は，病気の診断をすること，看護をすることではなく，子どもの健康把握をして，子どもが過ごしやすい状況を確保すること，子どもの状態を適切な言葉で伝えられる情報をもって保護者や医師に連絡することが第一になる。保育者が日常の様子と比べて異なること（瞳が乾いている，トイレの回数が少ない等）を観察し，保護者から医師に伝えたおかげで，脱水症状の診断をするための診察をしたり，適切に子どもの状況を把握することができたということもある。また，保育中にせきが止まらなかったり，苦しい呼吸を繰り返したりする際に，安全で症状が改善するような体勢をとる等して，保護者の引き渡しまでに子どもの安心を確立させていくこと等も重要である。

子どもの病気は，急変することがあるため，園の中で様子を見ていたとしても，その急変を見逃さないように情報の収集と提供は大切なことになる。保育所では，体調不良児を一時的に預かる事業が展開されたり，病児や病後児を専門的な施設で預かる事業（保育園型も含む）へのニーズも高まったりしている。そうした中で，医師や看護師，その他の医療スタッフと協働して子どもを見つめ，病気であるときも子どもらしい生活が送れるように知識を得ること，保育の方法の工夫や技術を磨くことも求められる。

2 専門性が付加された病気の子どもの保育

先に挙げたように，日常に見られる病気の子どもの保育を専門的にとらえると，「病児・病後児保育」と「病棟に入院している子どもの保育」

という2つの視点でとらえていくことが求められる。

　病児・病後児保育とは,保育所(幼稚園も含む)や小学校(多くは3年生まで)に通う子どもが,病気になり,保育所等に通うことができず,かつ家庭での保育をすることがむずかしい場合に,ある規程(利用条件や利用日数)の中で,保育士や看護師が施設において子どもを預かるという制度である。市区町村によりシステムは異なるが,その需要は高まっている。保育士としては,病児・病後児保育事業に携わる可能性もあり,病気の子どもの保育を,保育士としての専門性をもっていかに営むのかを考えていく必要もあるだろう。こうした病児・病後児の保育の現状把握と,保育の質を保障してその向上を図るために,今日では「一般社団法人　全国病児保育協議会」が独自の認定資格として「病児保育専門士」を認定して,子どもの最善の利益を保障しようとしている。

　また,子どもの中には,慢性疾患や難病,重い病気のために病院の中で生活を強いられる子ども,入退院を繰り返している子どももいる。「病棟保育」「医療保育」等の言葉で表現されることがあるが,就学前の子どもの発達を保障するシステムが構築され始めている。義務教育となる小学校以上の教育においては,特別支援教育の一つとして病弱児を専門的に指導する「院内学級」や「訪問学級」が設置され,子どもの学びと育ちを支えるシステムが構築されているが,就学前の子どもの発達を保障するシステムは,まだ構築されていないのが現状である。

　しかしながら,病気で入院している乳幼児にとっても,治療や看護の視点とは異なる生活支援,遊びの支援が必要であるといわれる中,病院ごとの独自のシステムを構築し,「院内保育室」を設置する病院が増えてきた。ここでは,医師,看護師,各種検査技師,心理職,ソーシャルワーカーといった医療スタッフと協働して,子どもの生活と遊びを保障する保育が展開されるようになっている。子ども自身が自分の病気を知り,自分で生活をつくることの支援が始まっている。こうした分野で病気の子どもと向き合う専門性をもった資格として,イギリスの資格となるホスピタル・プレイ・スペシャリスト(Hospital Play Specialist:HPS),アメリカの資格であるチャイルド・ライフ・スペシャリスト(Child Life Specialist:CLS),日本の資格となる医療保育専門士(日本医療保育学会認定資格)や子ども療養支援士(日本子ども療養支援協会)等があり,病気の子どもの発達支援に取り組んでいる。これらの専門家は,子どもの病気を子どもに分かりやすく伝えること,病気の治療に向き合えるよう検査や治療方針を育ちに合わせて,分かりやすく説明したりすること(プレ

第8章 乳幼児の健康にまつわる今日的課題

パレーション），不安や痛みをできるだけ軽減できるように子ども一人ひとりに応じた方法を模索すること（ディストラクション）に長けている。また，生活と遊びを通して，病気と向かいあいながら，発達の支援をする専門性をもった保育を展開することもできるという。同時に，子どもの育ちを支えるための医療スタッフ間の調整を図ったり，保護者や家族の気持ちを受けとめる保護者・家族支援をしたり，入退院時に幼稚園や保育所と連絡をとり，スムーズに生活が展開されるような地域支援もしているという。

病気であることを受けとめ，子どもと家族，医療・福祉関係者と共に子どもの生活と遊びを豊かにする取り組みが始まっていることを知り，必要に応じた情報提供をしたり，自らがこうした教育・保育の現場に従事することを視野に入れることも大切であろう。

おなかがすいた，食べたいと思える食育の推進

幼稚園や保育園における食育については，第5章及びコラムでその重要性と実践に触れているが，ここでは，今日，大切にされている，「自分で食べようとする意欲を育てる食育」「おなかがすいた感覚がもてる子どもに育てる食育」について考えてみる。

1 自分で食べようとする意欲をもつ子どもに育てる食育

食事をとるという行動は，生理的欲求を満たすものであり，おなかがすけば自分で食べるという行為をなし，誰かに食べさせてもらうということは，手伝いが必要な0歳から1歳の前半にかけての時期だけであると考えられていた。しかし，今日の子どもたちの中には，食事は食べさせてもらうものであり，テーブルに座って口を開けて待っているという子どもがいるという。保育現場の様子を聞くと，保護者の労働と育児の両立の中で，子どもにとって必要な経験が削がれていることがあるという。子ども自身に食べさせると食べるのに時間がかかる，また，テーブル周りや床，もしくは着ている洋服まで汚すということで，大きくなる時期にも保護者が食べさせていたり，必要以上にエプロン等を使用していたり，という実態も見られるという。

10年ごとに行われる「乳幼児栄養調査（2005（平成17）年度）」では，

1歳児の食事に向き合う保護者の悩みが示されている（図8-4）。

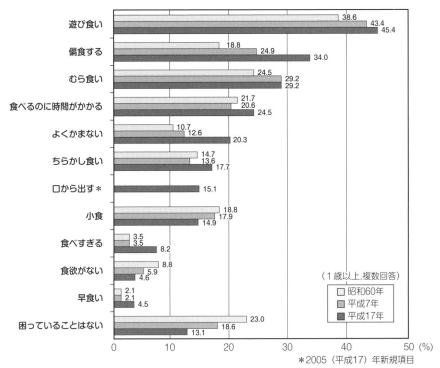

図8-4　食事で困っていること
出典：厚生労働省「2005（平成17）年度 乳幼児栄養調査」

　調査結果に示されているように，こうしたことは，食べるのに時間がかかってしまったり，かまなかったりという悩みが多くあることは，やはり，摂食の援助と子ども自身で食べる支援の仕方を再確認する必要があるだろう。大人に食べさせてもらったり，大人のペースで食事を急かされたりする経験の弊害なのかもしれない。このような家庭環境下においては，幼稚園や保育者で食べる技術を培うことがむずかしいだけでなく，食べたいという気持ちを育てることをむずかしくしているきらいがある。乳幼児期に自分で食べたいという気持ちを育てるには，大人に食べさせてもらうことと同時に，自分の手で食物をとり口元に運ぶという経験，つまり手づかみ食べの経験が必要である。また，上手にスプー

写真8-1　自分で食べようとする1歳児

第8章 乳幼児の健康にまつわる今日的課題

ンやフォークを使えなくても，大人や少し年長の子どもが食べる姿を見て，憧れてまねてみるということも必要である。

　以下の記載資料にあるよう，幼児期の手づかみ食べの経験は重要な意味をもつため，大人の都合で，必要な経験を削ぐようなことがないようにしたいものである。

表8-2　手づかみ食べの重要性

「手づかみ食べ」は，食べ物を目で確かめて，手指でつかんで，口まで運び口に入れるという目と手と口の協調運動であり，摂食機能の発達の上で重要な役割を担う。

- 目で，食べ物の位置や，食べ物の大きさ・形等を確かめる。
- 手でつかむことによって，食べ物の固さや温度等を確かめるとともに，どの程度の力で握れば適当であるかという感覚の体験を積み重ねる。
- 口まで運ぶ段階では，指しゃぶりやおもちゃをなめたりして，口と手を協調させてきた経験が生かされる

　摂食機能の発達過程では，手づかみ食べが上達し，目と手と口の協働ができていることによって，食器・食具が上手に使えるようになっていく。
　また，この時期は，「自分でやりたい」という欲求が出てくるので，「自分で食べる」機能の発達を促す観点からも，「手づかみ食べ」が重要である。

出典：厚生労働省「授乳・離乳の支援ガイド」2007年

2 おなかがすいた感覚がもてる子どもに育てる食育

　食育において，もう一つ大切になるのが，「おなかがすいた感覚がもてる子どもを育てる」ことである。今日では，規則正しい生活リズムを保つことに心を寄せすぎたり，大人の労働や家事の都合で子どもの生活を組み立てたり，ときに不規則だったりすることも多い。そのため，子どもの食事の時間をいつにするかということを考えると，子どもにとって必ずしも「おなかがすいた時間」になっているとも考えられない。子どもにとっておなかがすく，すかないは関係なく，時間になったらごは

んが出てくることが多い。そのように考えると，食べることに対してすべて受動的になってしまい，食べたいという気持ちすら育たなくなってくる。また，食事の時間を迎えるまでに，調理をするときのにおいや音を感じながらおなかをすかせることもなく，ぜひ食べたいという気持ちが育たないこともあるという。園を改築したり，建て替えたりする中で，ランチルームと調理室を隣接させ，つくっている音，におい，使った人の顔が感じられる環境をつくり，食べたいという気持ちを育てる工夫をしているところもある。

写真8-2　自分で食器を片付ける1・2歳児

　また，幼稚園や保育所のいくつかでは，食事の時間をクラスごとにフリーにする，または保育形態によってはクラスの中でも食べる時間を固定せず，各自が食べたい時間の中で，おなかがすいたときや，遊びや活動に一区切りがついたときに食事をとるという実践も始まっている。そして，自分が食べたものは自分で片づけ，感謝の気持ちを育てることも大切にされている。

　ほかにも，食事の量も自分で決められるようにバイキング形式にしているところもあり，子どもに食べたい気持ちに気付かせ，それが満たされるようにしていく実践も始められている。

　食育については，食材に関心をもつようにする指導や栄養素の分析をする指導が行われることが多いが，そのような知的な活動の促進はもとより，食べることへの関心，意欲がもてるような実践を探求する必要があると考える。

写真8-3,4　自分で食べたい量を調整して食べる「バイキング給食」

第8章 乳幼児の健康にまつわる今日的課題

① 子どもを取り巻く環境が変化する中，子どもの健康をはぐくむために社会全体で考えるべきことはどのようなことか，考えてみよう。
② 病気の子どもを預かる際に気をつけることはどのようなことか，考えてみよう。

引用文献

1 原田正文『子育ての変貌と次世代育成支援――兵庫レポートにみる子育て現場と子ども虐待予防』名古屋大学出版会，2006年

参考図書

◎ 厚生労働省「平成17年乳幼児栄養調査」2006年
◎ 厚生労働省「授乳・離乳の支援ガイド」2007年
◎ 仙田満『環境デザイン講義』彰国社，2006年
◎ 中村和彦『子どものからだが危ない！――今日からできる体づくり』日本標準，2004年
◎ 日本医療保育学会『医療保育テキスト』編集委員会編『医療保育テキスト』日本医療保育学会，2007年
◎ 帆足英一監修『必携・新病児保育マニュアル 第4版』全国病児保育協議会，2009年
◎ 文部科学省「幼児期運動指針」2012年
◎ 文部科学省『幼児期運動指針ガイドブック――毎日，楽しく体を動かすために』サンライフ企画，2013年

[執筆者紹介・分担] （掲載順，2020年12月現在）

- **宮﨑　豊**（みやざき・ゆたか）＝編著者，第1章，第8章第2節～第4節，第3章コラム
  玉川大学教育学部教授

- **田澤里喜**（たざわ・さとき）＝編著者，第7章
  玉川大学教育学部准教授

- **高島二郎**（たかしま・じろう）＝第2章
  玉川大学教育学部教授

- **鈴木美枝子**（すずき・みえこ）＝第3章，第5章
  玉川大学教育学部教授

- **町山太郎**（まちやま・たろう）＝第4章，第8章第1節
  まどか幼稚園園長・玉川大学教育学部非常勤講師

- **鈴木　隆**（すずき・たかし）＝第6章
  東京家政大学短期大学部教授・玉川大学教育学部非常勤講師

- **後藤光葉**（ごとう・みつは）＝第4章コラム，第5章コラム
  西鎌倉幼稚園園長

- **山田信幸**（やまだ・のぶゆき）＝第6章コラム
  玉川大学教育学部教授

[写真提供]
- 小林陽子（社会福祉法人愛和福祉会愛和新穂保育園）＝第5章
- 白石美幸＝第3章，第5章
- 植竹幼稚園＝第6章
- たづはら保育園＝第1章，第8章
- 千葉明徳短期大学子育て支援センター＝第1章，第8章
- 東一の江幼稚園＝第7章
- まどか幼稚園＝第4章
- 明徳土気保育園＝第1章，第8章
- 立教女学院短期大学附属幼稚園天使園＝第6章

◆◆ Staff ◆◆
[編集協力] カラビナ　[カバー・本文デザイン] 里山史子・松岡慎吾　[レイアウト・DTP] 東光美術印刷　[校正] 永須徹也

保育・幼児教育シリーズ　改訂第2版
健康の指導法

2014年9月10日　初版第1刷発行
2019年2月15日　改訂第2版第1刷発行
2024年11月30日　改訂第2版第4刷発行

編著者　宮﨑豊・田澤里喜
発行者　小原芳明
発行所　玉川大学出版部
〒194-8610　東京都町田市玉川学園6-1-1
TEL 042-739-8935　FAX 042-739-8940
www.tamagawa-up.jp
振替：00180-7-26665
印刷・製本　日新印刷株式会社

乱丁・落丁本はお取り替えいたします。
©Yutaka Miyazaki, Satoki Tazawa 2019
Printed in Japan
ISBN978-4-472-40563-1 C3337 / NDC376